森田空美の
はじめて
きもの
きほん事典

森田空美の　はじめてきもの　きほん事典

森田空美の　はじめてきもの　きほん事典

目次

第3章 カジュアルきもの

きものにはこんな種類があります

きものは素材や模様のつけ方、紋の数などによって、格付け（ランク）が変わります。フォーマルからカジュアルまで、現在着られている代表的なきものを紹介します。

黒留袖〈くろとめそで〉

既婚女性の第一礼装。裾だけに格調の高い模様のある黒地のきもので、白抜きの五つ紋付きが決まり。結婚式で主に新郎新婦の母親が着用。→30ページ

色留袖〈いろとめそで〉

近年は未婚女性も着る第一礼装（五つ紋付きの場合）で、黒以外の地色の裾模様。紋の数によって準礼装になるので、着用範囲が広い。→32ページ

振袖〈ふりそで〉

未婚女性の第一礼装とされるが、主に成人式などに着用。ほかに、パーティなどにも着用できる。袖が長く、豪華な模様が特徴。→28ページ

訪問着〈ほうもんぎ〉

未婚、既婚に関係なく着られる絵羽《えば》模様の社交着。裾や袖、肩などに華やかに模様が描かれている。結婚式やパーティに幅広く活用できる。→34ページ

色無地〈いろむじ〉

1色染めのシンプルなきものだが、紋をつけて豪華な袋帯を合わせれば、訪問着と同じように着られる。生地に地紋の入ったものは華やか。↓38ページ

付け下げ〈つけさげ〉

訪問着より柄付けが控えめで、小紋よりはよそゆきの社交着。柄のつけ方によっては訪問着のようなものもある。着用範囲が広いので人気。↓36ページ

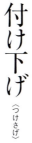

喪服〈もふく〉

黒地の1色染めに染め抜きの五つ紋入りの黒喪服は、もっとも正式なもの。葬儀・告別式のほか、親族は通夜にも着用する。小物も全て黒。↓44ページ

小紋〈こもん〉

きもの全体に模様のあるお洒落着。柄のつけ方は、総柄のもの、飛び柄のものなどさまざま。無地感覚の細かい柄は江戸小紋という。↓江戸小紋40・56ページ、小紋42・58ページ

紬〈つむぎ〉

織りの代表といえば、ざっくりとした真綿の風合いが魅力の紬。かつては普段着とされたが、現代は柄ゆきや帯合わせによって外出着にも。↓62ページ

浴衣〈ゆかた〉

江戸時代には湯上がりに着用したきものも、現代はお洒落な夏の遊び着として定着。豊富な色柄と素材の中から、あれこれ選ぶのも楽しい。↓66・68ページ

帯にはこんな種類があります

帯はきものの歴史とともに、少しずつ変化をしてきました。扱いやすく、結びやすい形が主流となり、現在、主に用いられているのはこの6種類です。

袋帯〈ふくろおび〉

豪華な丸帯《まるおび》に代わって、大正時代に考案されたのが袋帯。現在は主に礼装用の帯として用いられている。幅は八寸二分（約31cm）、長さは一丈一尺（約4m20cm）以上。→24・48・70ページ

半幅帯〈はんはばおび〉

きものの歴史を辿ると、もともと帯は紐状のような細いもので、時代とともに幅が広くなり、装飾的になっていった。そんな中で、帯幅を半分（15～17cm）に仕立てた半幅帯は、今もカジュアルなきものの帯として人気。長さは決まっていないが、八尺五寸（約3m22cm）以上が主流。

名古屋帯〈なごやおび〉

現在もっとも利用範囲の広い帯。大正時代に名古屋の女学校の先生が考案したためにこの名がついたとされる。幅は九寸（約34cm）、長さは一丈二尺二寸（約4m64cm）以上。反物のように巻いて販売され、芯を入れて仕立てる。→24・48・70ページ

memo

丸帯

広幅の帯地を2つに折って仕立てられるので、表と裏が同じ柄になる。仕立てる前の帯の長さは、幅一尺八寸五分（約70㎝）、長さ一丈一尺五寸（約4m55㎝）以上。江戸中期に考案され、かつては女性の正装用として人気を博した。現在は、主に花嫁衣装に用いられている。

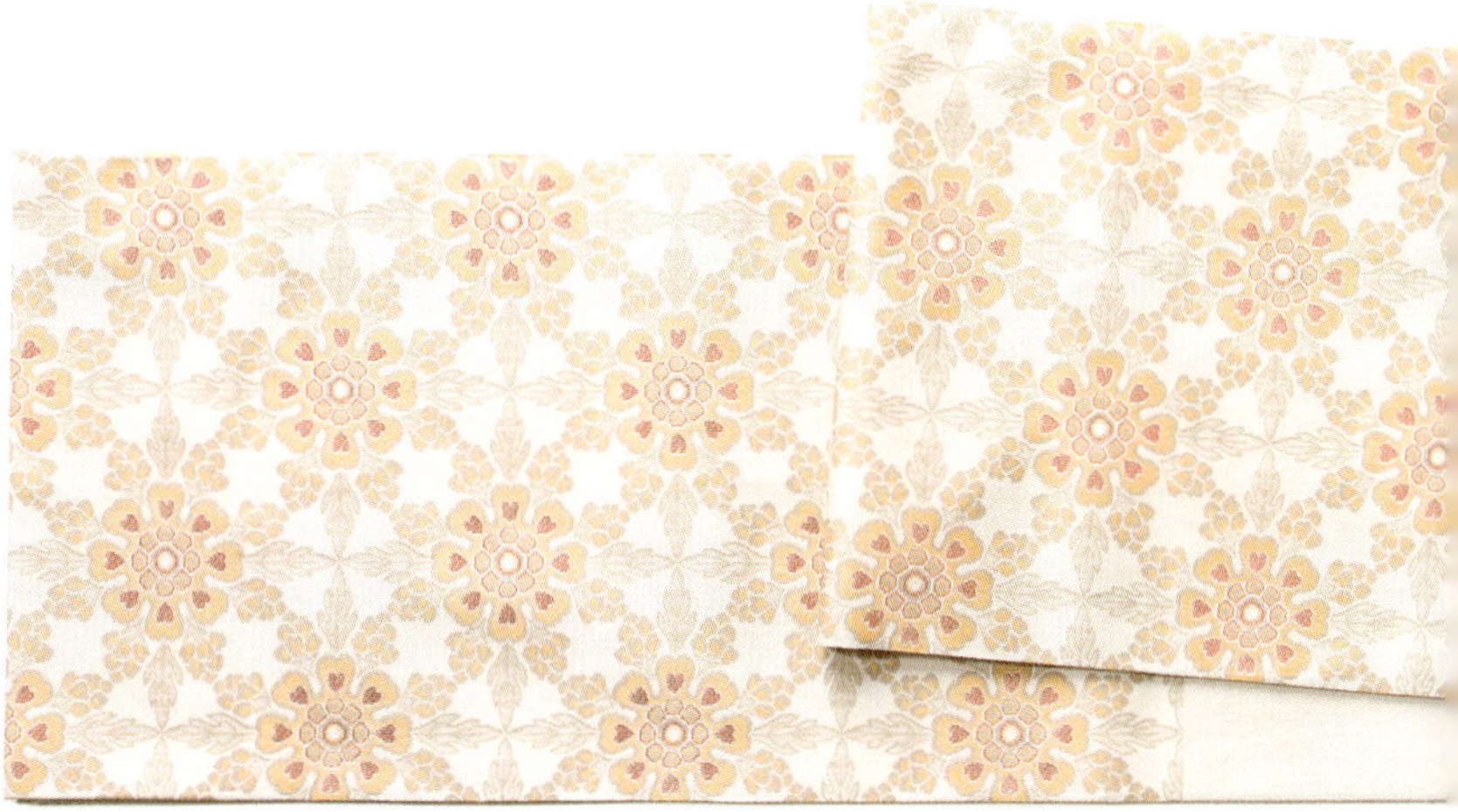

袋名古屋帯
〈ふくろなごやおび〉

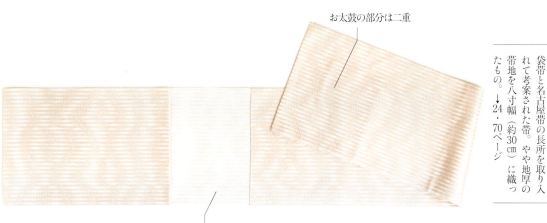

袋帯と名古屋帯の長所を取り入れて考案された帯。やや地厚の帯地を八寸幅（約30㎝）に織ったもの。→24・70ページ

兵児帯
〈へこおび〉

1枚の布のような帯で、半幅帯とはまた違った魅力がある。浴衣やカジュアルきものに用いられる。帯／トリエ

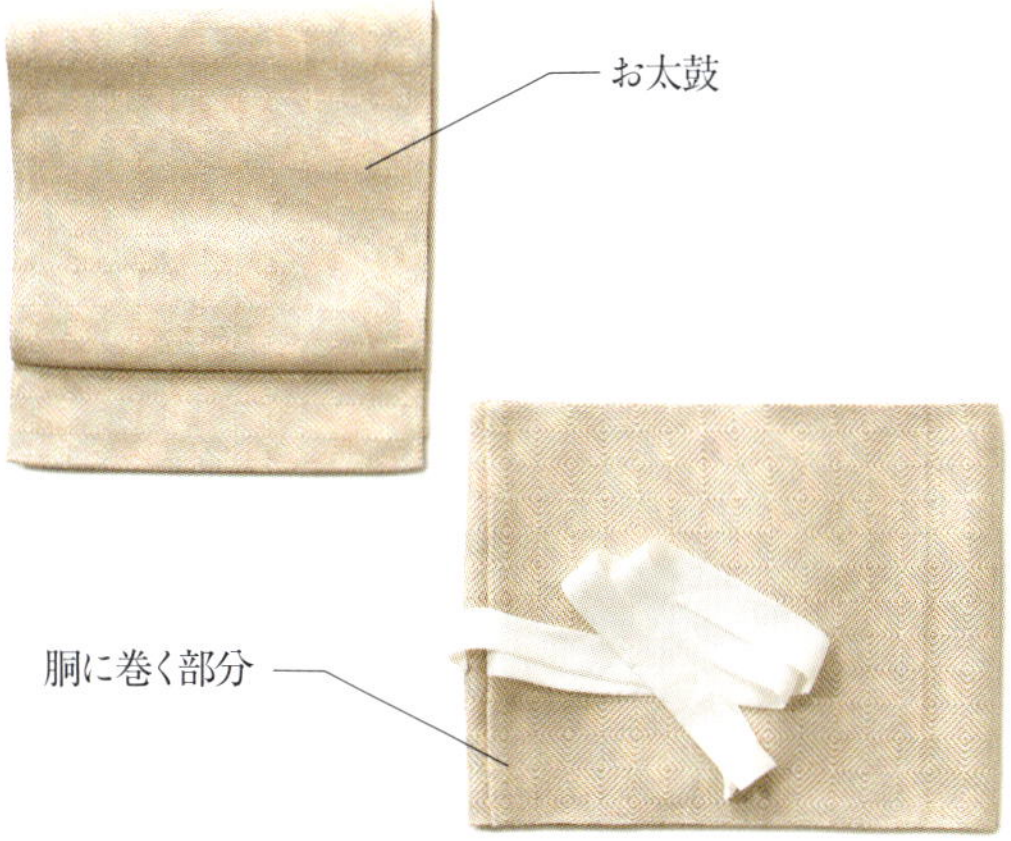

二部式帯
〈にぶしきおび〉

胴に巻く部分とお太鼓の部分を分けて仕立てた帯で、結んでしまうと通常の名古屋帯と変わらない。二部式帯の仕立て方はさまざまで、胴に巻く部分の幅を半分にしたもの、お太鼓の形を作ってあるものなども。

空美先生との出会い

今年は屋形舟で納涼会だからドレスコードは浴衣でー
みんななかなか着る機会ないけど大丈夫?
賛成!!
いいね~
えっ!?
成人式以来きもの着たことない
……てことで浴衣は母に貸してもらって本とネットで猛特訓!
はじめてのきもの
なーんか変…なような
宴会楽しかった~♥
○○駅
失礼ですけど浴衣の衿合わせが逆ですよ
あら♡すてきなきもの美人♡
えりあわせ? はて? 何のこと? そういえば先輩もじーっと見てたっけ…
森田でございます。「きものの衿」は右↓左の順に合わせるのが決まりなの。逆だと亡くなった人の衿合わせになるのよ
えっ!? そんなこと知らなかった~!!
私、絹子に一から「きもの」を教えてください!

第1章

きものの基本を知る

きものと帯には、大きく分けると染めと織りがあります。
まずは、現代に活用されているきものと帯の種類を知ることから始めましょう。

きものって何だか難しそう！
あせらずに1つずつ覚えていけば大丈夫ですよ。

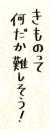

きものには「染め」と「織り」が

「染め」

どんな布も、糸を織って作られます。染めのきものは、白い極細の糸を織って白い布にしてから、色柄をつけます。触った感じはしなやかで柔らかいため、「柔らかもの」と呼ぶこともあります。実際に身につけてみると、体が動くにつれて生地も揺れ、優雅な雰囲気になります。また、柄付けによって種類が分かれますが、フォーマルきものの主流は染めのきものです。

白生地に小紋柄が施された染めのきもの。型染めによるもの。

「織り」

一方、織りのきものは、白い糸をさまざまな色に染めてから織ったものです。絣《かすり》模様などをつける場合も、この糸の段階で絣を括《くく》って染め、ほどいた絣糸を使って模様を織り上げます。織りのきものは染めのきものに比べて風合いがかたいため、「かたもの」「かたいきもの」と呼ぶこともあります。織りのきものの代表は紬《つむぎ》や御召《おめし》、木綿などですが、全てカジュアルなきものです。

真綿糸《まわたいと》を淡いグレーに染めてから織った織りのきもの、結城紬《ゆうきつむぎ》。

あります

きものにはさまざまな種類がありますが、生地の違いで見ると、「染め」と「織り」に大別されます。この2つの違いがわかると、フォーマルとカジュアルが理解しやすいでしょう。

触ってみて！生地に「張り」があるでしょ？
これは「紬」っていうの。真綿から紡いだ糸を染めて織ったものなんです
染めとは全く風合いが違います！
ほんとだ！
ざらっ
ピシッ

染めのきものにもいろいろあります

白生地《しろきじ》から色柄を染めるための技法を紹介します。白生地に直接絵を描く手描きのほか、型を使うもの、糸などで絞《しぼ》って柄を表現するものなど、染めの技法は多彩です。

手描き友禅
〈てがきゆうぜん〉

染めのきものの代表的な技法で、留袖、振袖、訪問着、小紋などに染められます。京都で作られるものを京友禅、金沢で作られるものを加賀友禅、東京で作られるものを東京友禅（江戸友禅）と呼びます。京友禅は、はんなりとした美しさ、加賀友禅は控えめな美、東京友禅はシックな色調と、仕上がりにはそれぞれ特徴がありますが、基本的な友禅技法は共通です。

友禅染は江戸時代の元禄《げんろく》年間（1688〜1704年）に、京都の扇面絵師・宮崎友禅斎《みやざきゆうぜんさい》によって考案されました。糸目糊《いとめのり》（友禅糊）を使って白い生地に絵画のような模様を描き、それを染めだすというもの。糸目糊が防波堤の役目を果たすため、隣り合う色が混ざらなくなり、日本画のような多彩な染めを表現することができます。

明治期に入るとヨーロッパから化学染料がもたらされました。これをきっかけに型紙を使って模様を染める型友禅が開発され、友禅染の世界はますます進化し、現在に至っています。型紙を使ったものは型友禅、手で模様を施したものは手描き友禅と呼び、区別されています。

黒地に貝桶《かいおけ》と松竹梅が配された手描き友禅の付け下げ。きもの地／銀座もとじ 和染

型染め
〈かたぞめ〉

型紙やそのほかの染め型を用いて行う染色方法を、型染めといいます。平安時代から行われてきましたが、江戸時代になると武士の裃《かみしも》が型紙を使って染められるようになり、次第に普及していきました。型染めに使われる型紙の代表といえば、柿渋《かきしぶ》を塗った和紙に手彫りで模様が施された伊勢型紙《いせかたがみ》です。型紙は1色1枚が基本なので、模様の色数が多い場合は、何十枚もの型紙が必要です。

型染めの技法はさまざまです。型紙を置いて刷毛で染料を摺《す》り込む型更紗《さらさ》。模様の部分に糊を置いて防染し、地染めをして模様を白く抜く江《え》戸小紋《どこもん》。型置きをしてから藍甕《あいがめ》に浸して染める中形《ちゅうがた》。色糊で模様をつけ、地染めをする型友禅など。

型染めは全体的に柄をつけるときに効果的な技法で、小紋のきものなどに用いられる。きもの地／銀座もとじ 和染

ぼかし染め

〈ぼかしぞめ〉

平安時代に開花したぼかし染めは、幽玄な趣が印象的。染色用のぼかしは、1色で濃い部分から次第に淡くしていく技法で、裾が濃く、上部が淡い「裾濃《すそご》」、裾が淡く、上部が濃い「朧《おぼろ》」、部分的にぼかす「斑濃《むらご》」などがあります。いずれも、最初に地染めとして、淡い色を全体に引き染めし、濃い色を重ねてぼかします。

ぼかし染めによって、きもの全体に奥行きが生まれる。

幻の辻《つじ》が花《はな》を現代感覚で表現したモダンな訪問着。
きもの／銀座もとじ 和染

疋田糊置き

〈ひったのりおき〉

染め疋田、糊疋田ともいい、糊を置いて、絞り染め（鹿《か》の子《こ》絞《しぼ》り）の効果を出す技法。手描きで染める描《か》き疋田《ひった》と型紙で染める染め疋田があります。描き疋田は絞り染めの疋田鹿の子の四角い柄を模して、1つずつ手描きします。その上に糊を置いて染色すると、糊を置いた部分が白く残り、疋田絞りのように見えます。

上の染め帯は、檜扇《ひおうぎ》の一部に描き疋田が施されている。下の小紋の反物は、型紙を使った染め疋田によるもの。

絞り染め

〈しぼりぞめ〉

布の一部を糸で括ったり、縫ったり、板ではさんだりして防染し、染液に浸して模様を染める絞り染めは、原始的な模様染色として、世界各地で発展しました。機械の力を借りることができない素朴な方法だからでしょうか、今も独特の美しさがあります。

日本では奈良時代から行われるようになり、正倉院御物《ぎょぶつ》にも絞り染めの纐纈《こうけち》や板締め絞りの夾纈《きょうけち》など、高度な絞り技法の布が見られます。奈良時代から桃山時代は絞り染め全盛期で、幻の染めといわれる辻が花も登場。江戸時代には京都の鹿の子絞り、愛知県の有松《ありまつ》地方（名古屋市）では、木綿の絞り染め、有松・鳴海《なるみ》絞りが盛んになりました。

絞り染めはきものや帯のほか、長襦袢や帯揚げにも用いられています。

織りのきものにもいろいろあります

糸を染めてから織った織りのきものは、全国にある織物の産地で作られているものが主流です。糸の風合いや染め方、模様の表現にそれぞれ特徴があります。

紬〈つむぎ〉

紬は織りのきものの代表です。江戸時代、各藩は養蚕《ようさん》を奨励しました。上等な糸は税として納めますが、農家の女性たちは、残った繭《まゆ》から真綿をとって、それを紡いで自家用の布を織っていました。こうした歴史から、紬はどんなに高価でも普段着とされてきましたが、現代は気軽なお洒落着として、多くのきもの好きに愛用されています。

全国の産地で個性豊かな紬が作られていますが、繭《まゆ》や糸の紡ぎ方によって、風合いが異なります。その質感は大きく2つに分かれ、ざっくりとした肌触りのものと、ひんやりとした感触のものがあります。前者の代表は、真綿糸で織った結城《ゆうき》紬、後者の代表は、絹糸で織った大島《おおしま》紬です。紬糸は繭から袋状の真綿を作り、手で紡いで糸にしたもの。絹糸は繭から直接糸を引き（生糸《きいと》という）、その糸を精練《せいれん》してセリシンを取り除いたものです。

紬糸と絹糸では見た目も触感も異なるため、織り上がった生地にも風合いの違いははっきりと表れます。

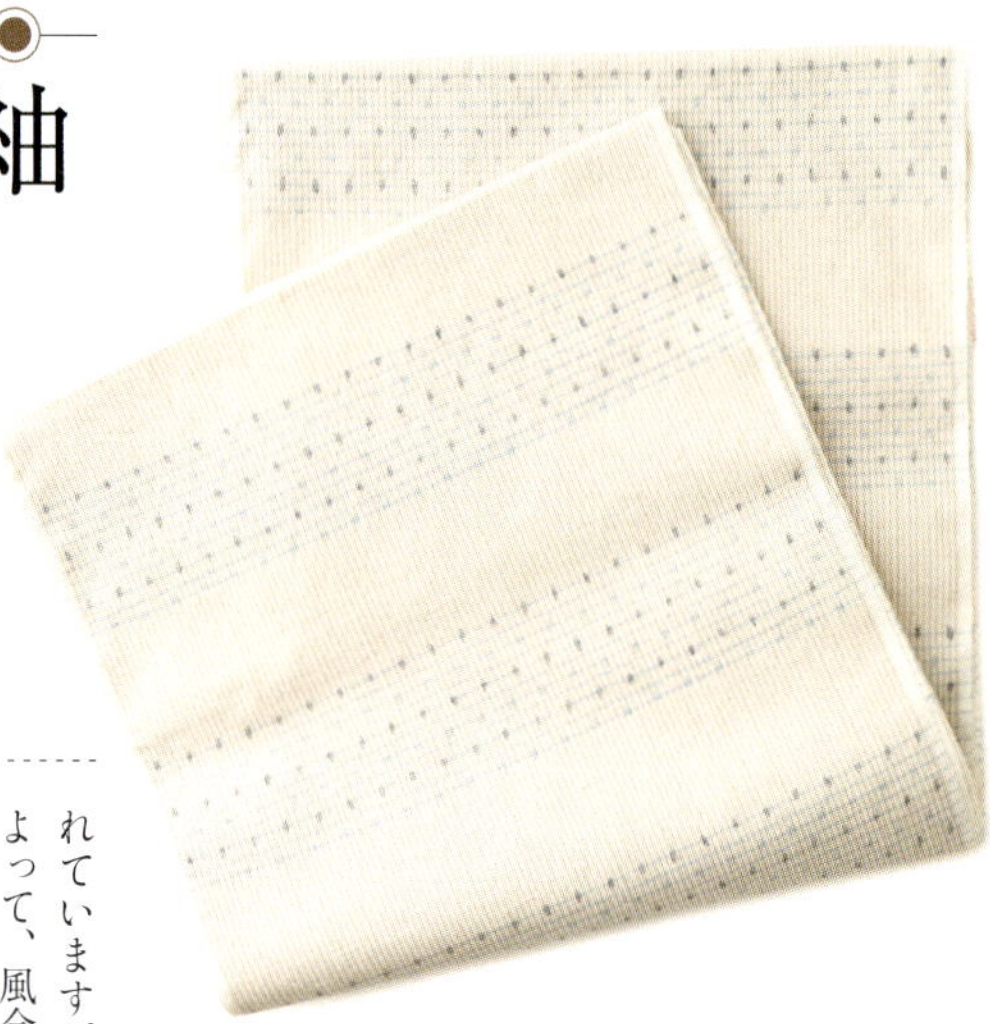

真綿で作られるざっくり紬の代表、結城紬。茨城県結城市を中心に、鬼怒川沿いの茨城県、栃木県にまたがる地方で生産されている。写真の紬は、重要無形文化財の指定を受けたものだが、作り方によってさまざまな種類の結城紬がある。きもの地／銀座もとじ 和織

絹糸で作られるひんやり紬の代表、大島紬。鹿児島県奄美《あまみ》大島と鹿児島市周辺、宮崎県都城《みやこのじょう》市で生産されている。かつて結城紬と同じように真綿糸で作られていたため、紬の名前がついている。泥田で糸を染める泥《どろ》染めと機《はた》で織って絣を表現する締機《しめばた》に特徴がある。写真の泥染めのほか、白大島や色大島も。きもの地／銀座もとじ 和織

木綿〈もめん〉

肌に優しく、素朴な風合いが魅力の木綿のきもの。手紡ぎや紡績によって、綿花《めんか》からとった糸で作られます。室町時代に日本で本格的な木綿の栽培が始まると、柔らかな着心地と染織のしやすさから、瞬く間に広がりました。江戸時代には全国に普及し、庶民の衣生活は一変したといいます。最初は縞《しま》や格子《こうし》が主流でしたが、やがて絣柄も織られるようになりました。今では紬の柄としてすっかり定着した絣ですが、もともとは木綿の模様として発達したものです。現在も弓浜絣《ゆみはまがすり》、久留米絣《くるめがすり》、広瀬絣《ひろせがすり》、備《びん》後絣《ごがすり》などが作られています。

兵庫県丹波市で作られている木綿織物、丹波布《たんばぬの》。茶と藍を組み合わせた格子柄に特徴がある。きもの地／銀座もとじ 和織

花織
〈はなおり〉

沖縄本島を中心に作られている、花柄を織りだした紋織物です。南方から伝わった技術を基にして、本島中部の読谷山《よみたんざん》（現在の読谷村《よみたんそん》）で織り始められました。その後、琉球王朝の首都であった首里《しゅり》や与那国島《よなぐにじま》、竹《たけ》富島《とみじま》などに伝えられ、各地で独自の花織が作られるようになりました。当時の花織はとても手の込んだ贅沢な織物で、染織の地位としても紅型《びんがた》の次に位置し、主に王族や貴族が着用したようです。本島では現在、さまざまな浮き織りを生かして、読谷山花織のほか、首里花織、南風原《はえばる》花織が作られています。

格子縞の中に小さな花模様（花織）が織りだされた与那国花織。きもの地／銀座もとじ 和織

麻
〈あさ〉

夏の素材の代表です。現在の麻のきものや帯には、植物の苧麻《ちょま》を細く裂《さ》いて長くつなぎ、撚《よ》り合わせた糸や、太くて長いラミー糸などが使われます。作られるものによって、それぞれ糸の太さや品質などが変わります。一般的に細く上質な糸はきものに、少し太めの糸は帯になります。

麻の中でも、苧麻はイラクサ科の多年草で、その繊維は丈夫で絹のような光沢を持っています。この糸を用いた平織りの布は昔から幕府に献上していたものが多いため、上布《じょうふ》と呼ばれます。現在も上布は各産地で作られていますが、新潟県南魚沼市の越後《えちご》上布、新潟県小千谷《おぢや》市を中心に織られている小千谷縮《ちぢみ》（越後上布に縮を加えたもの）、沖縄の宮古島《みやこじま》で作られている宮古上布の3つは日本が誇る高級麻織物。ほかにも八重《やえ》山《やま》上布や近江《おうみ》上布、能登《のと》上布などがあります。

滋賀県の湖東《ことう》地方で織られている麻織物、近江上布。苧麻とラミー糸と両方が使われている。

御召
〈おめし〉

御召糸を使って織ったもので、生地の表面の細かいしぼに特徴があります。御召糸とは、セリシンを落とした先練りの糸を染めたもので、経《たて》糸《いと》、緯糸《よこいと》に用います。緯糸は強い撚《よ》りをかけ、染めた糸に糊づけをします。縮緬《ちりめん》の場合のセリシンの役目です。これで織ったものをお湯につけて糊が落ちると、しぼが現れます。

新潟県塩沢地方で作られる本塩《ほんしお》沢《ざわ》（塩沢御召）は、経糸、緯糸ともに生糸《きいと》の御召糸を使って織ります。経糸には1メートルあたり350回、緯糸には2千回もの強い撚りをかけます。糸の糊を落として、絣柄をつけてから織るため、独特のしゃり感があります。

京都の西陣《にしじん》で織られる西陣御召は、紋《もん》御召、風通《ふうつう》御召、縫取《ぬいと》り御召など、さまざまな種類があります。いずれも緯糸に強撚糸《きょうねんし》を用います。山形県白鷹《しらたか》町で作られている白鷹御召は、板締め技法による経緯絣による絹織物。織り上がった生地は、大きなしぼによる独特のしゃり感があります。

御召は染めの柔らかさと織りのしゃっきり感をミックスしたような、独特の素材感。きもの地／銀座もとじ 和織

反《たん》物《もの》がきものになるまで

どのきものも、最初は一枚の布です。布を巻いたものを反物といい、留袖や振袖、訪問着以外のきものは、すべてこの反物の状態で販売されています。留袖や振袖、訪問着は全体の絵柄がわかるように、きものの形に仮仕立てされ、これを仮絵羽《かりえば》（46ページ参照）と呼びます。いずれのきものも、仕立てるために、表のきもの地のほか、裏地が必要です。

袷《あわせ》のきものには、八《はっ》掛《かけ》と胴《どう》裏《うら》が必要

きものには仕立ての違いによって、袷と単衣《ひとえ》があります。袷は一般的に10月頃から翌年の5月頃まで着るきもので、裏地がついています。それ以外の6月頃から9月頃まで着るきものは単衣といい、裏地のつかないものが主流です。袷のきものを仕立てるには、表地のほかに、裏地となる八掛（裾まわし）と胴裏が必要です。八掛は前と後ろの身頃に4枚、衽《おくみ》に2枚、衿先に2枚、袖口に2枚つけ、動きに合わせて、袖口と裾からちらりと見えます。胴裏（白い羽二重《はぶたえ》）は、胴の部分につける補強の布なので、表からは見えません。

小紋や紬の八掛はきものと同色の濃淡を選びますが、あえて反対色を用いる場合も。これに対して、留袖や訪問着、色無地などの礼装用は、表地と同じ布（共布《ともぬの》）をつけるのが一般的です。八掛には色無地やぼかし染めのほか、刺繍が施されたもの、友禅染の模様入りなどもあります。

袷のきものの仕立てに必要なもの

きもの地、八掛、胴裏／すべて青山 八木

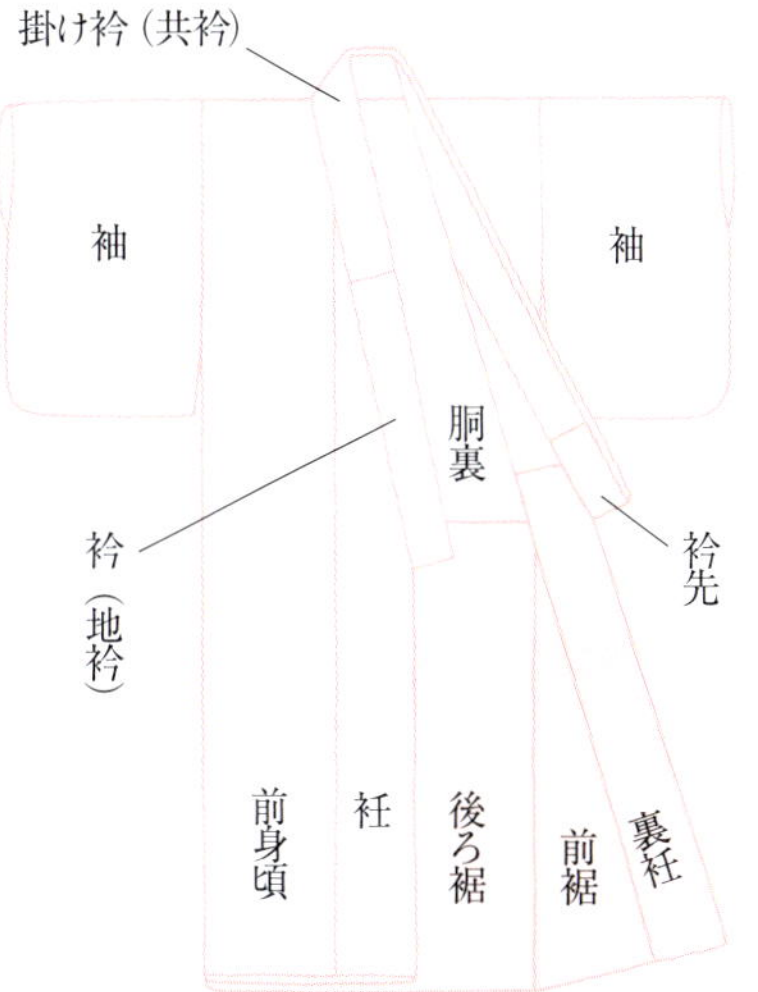
掛け衿（共衿）
袖
袖
胴裏
衿（地衿）
衿先
前身頃
衽
後ろ裾
前裾
裏衽

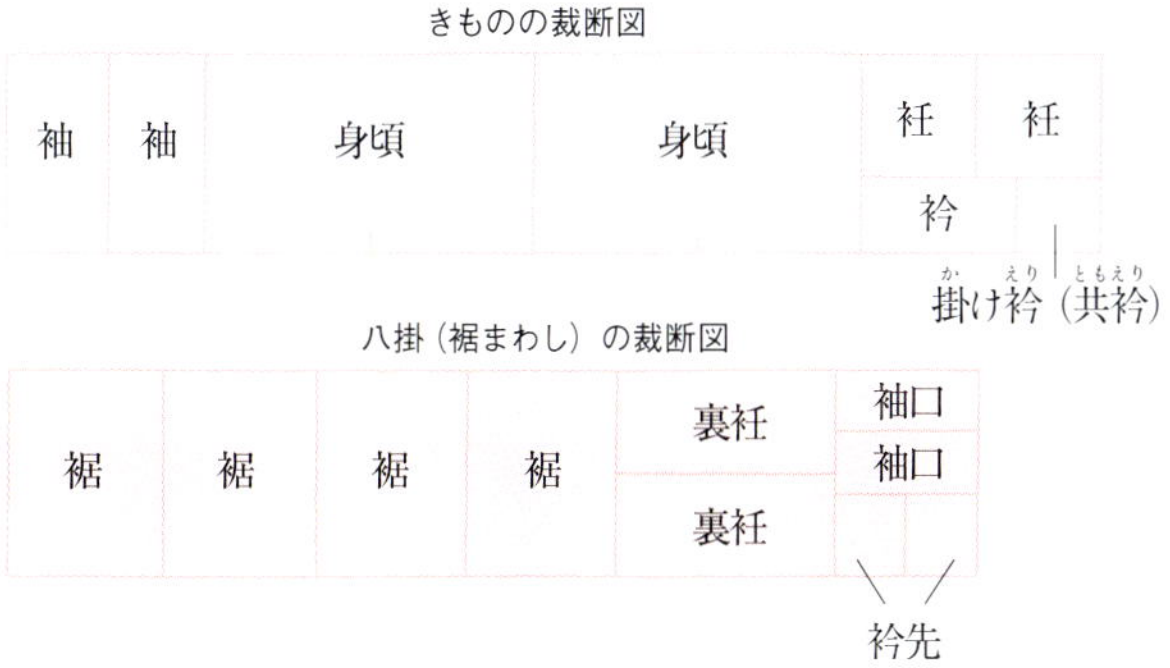
きものの裁断図
袖
袖
身頃
身頃
衽
衽
衿
掛《か》け衿《えり》（共衿《ともえり》）
八掛（裾まわし）の裁断図
裾
裾
裾
裾
裏衽
裏衽
袖口
袖口
衿先

パーツを縫い合わせると、きものが完成

きものは並幅九寸八分（約37センチ）の一枚の布を裁ち、パーツを縫い合わせて作られます。パーツは衿《えり》、袖《そで》、衽《おくみ》、身頃などで構成され、ほどけばまた一枚の布になります。ここで紹介するのは、袷のきものの裁断図です。胴裏と八掛は仕立て代とは別料金の場合もあるので、仕立を依頼する前に確認しておくと安心です。

また、透け感のある単衣のきものでは、背伏《せぶせ》や居敷当《いしきあ》て（86ページ参照）をつける場合もあります。

仕立て上がりました！

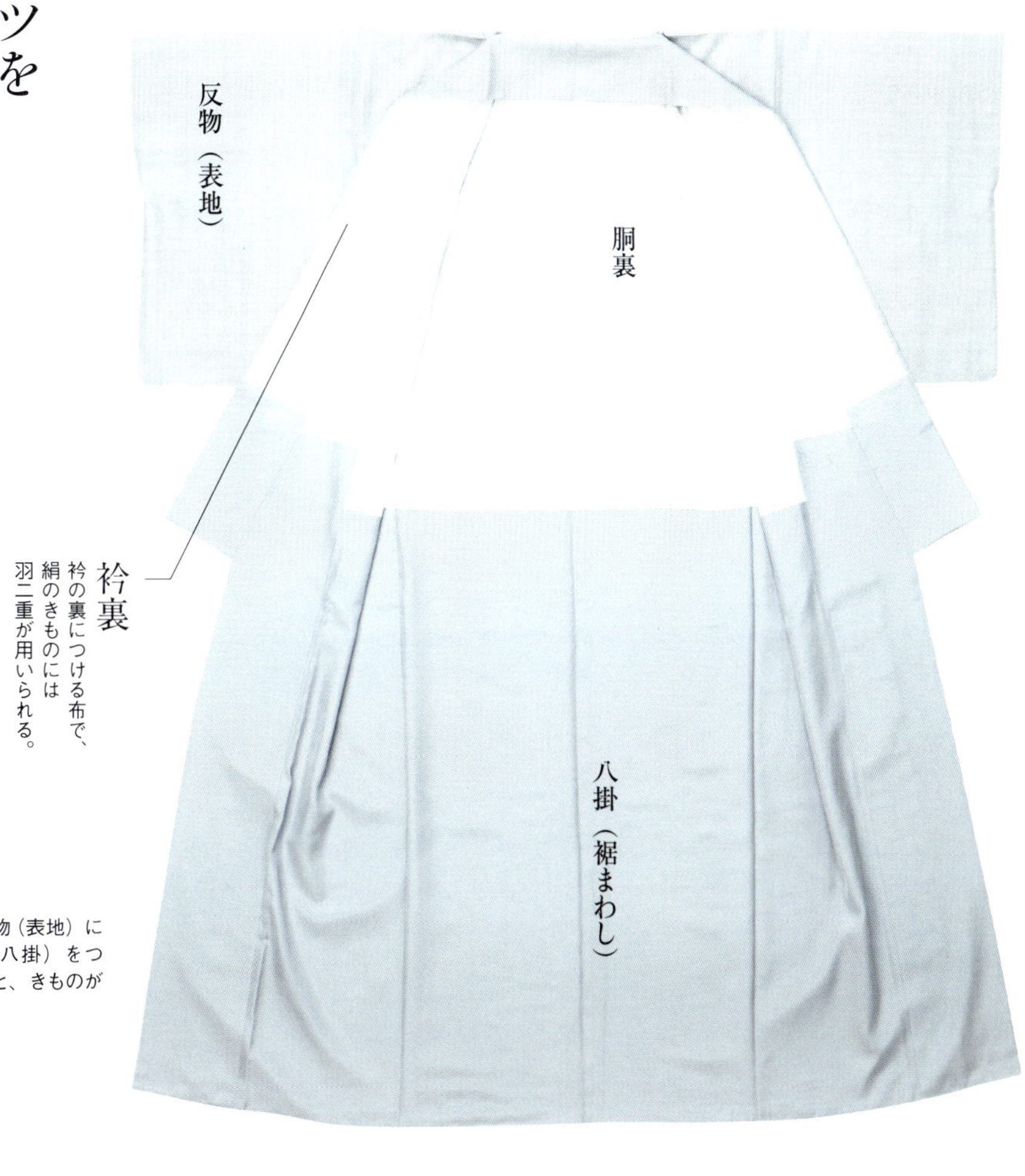
反物（表地）
胴裏
衿裏
衿の裏につける布で、絹のきものには羽二重が用いられる。
八掛（裾まわし）

右ページの反物（表地）に裏地（胴裏と八掛）をつけて仕立てると、きものができ上がる。

帯にも「織り」と「染め」が

「織り」

白い糸をさまざまな色に染めてから織ったものが織り帯。主にフォーマルやセミフォーマルに用いられる織り帯は、錦織《にしきおり》、綴織《つづれおり》、唐織《からおり》などの袋帯です。絹の金糸、銀糸や色糸を用いて、正倉院文様や有職《ゆうそく》文様、名物裂《めいぶつぎれ》文様など格調高い文様が織りだされています。織り帯の中でも、紬やすくい織り、博多織などのカジュアルなものもあり、これらは一般的に小紋や紬のきものに合わせます。

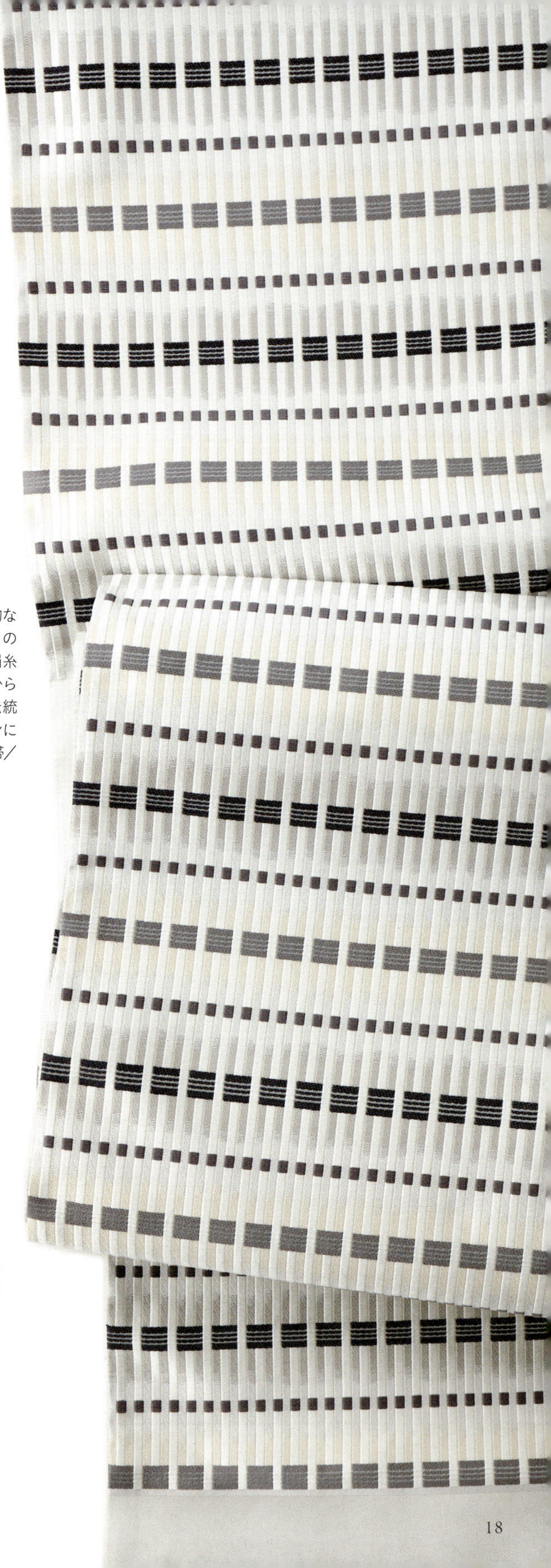

独特の光沢が印象的な織りの袋帯。こちらの帯に使われている絹糸は、生きた蚕《かいこ》の繭から紡いだもの。柄は伝統的な熨斗目《のしめ》をモダンにアレンジしている。帯／なか志まや

染め帯は柄で手軽に
季節感を楽しめるのも魅力!!
春
夏
秋
冬
春は桜 夏はひまわり
秋は紅葉 冬は雪…
そうそう きものは季節を先取りするのがお洒落なんです
すてき♡

「染め」

白生地に地色や模様を染めたものを染め帯といいます。まれに袋帯もありますが、多くは名古屋帯が主流です。これらの染め帯は、紬や御召、小紋、木綿のきものなどに合わせる洒落帯になります。染め帯はきものと同じように、季節に合わせてさまざまな素材を楽しむことができます。袷の季節は塩瀬《しおぜ》や縮緬、単衣や薄物の季節には、紗《しゃ》や絽《ろ》、生紬《なまつむぎ》などの染め帯も涼しげです。

型染めと手染めを併用した琉球紅型の名古屋帯。鮮やかな色彩で花模様が全体にびっしりと染められている。帯地／銀座もとじ 和染

あります

きものの場合、染めはフォーマルやセミフォーマル、織りはカジュアル用ですが、帯の場合は逆になります。織り帯がフォーマルやセミフォーマル、染め帯はどちらかというとお洒落着用です。

「織り帯」は格が高いということは…
訪問着に紬の帯を合わせてOKですか?
絹子さん紬の帯は礼装にはNGよ
訪問着には格の高い袋帯ね!

織り帯にもいろいろあります

金糸、銀糸を用いた袋帯は、留袖や訪問着などの礼装用に、色糸で伝統模様を織りだした名古屋帯は略礼装に、紬や木綿のカジュアルな帯は、小紋や紬のお洒落着に合わせます。

有職文様を織りだした格の高い袋帯。色留袖や訪問着などに。帯／銀座もとじ 和織

錦織（にしきおり）

金糸、銀糸、多彩な色糸、箔《はく》などを用いて模様を織りだした華やかな紋織物を、総称して錦織といいます。代表的なものに、佐賀錦《さがにしき》、唐織、綴織などがあり、礼装用の帯地のほか、バッグや草履などにも用いられます。

古墳時代に中国から日本に伝えられたとされる錦織は、主に京都の西陣で生産されています。もともとは経糸で模様を織りだしていましたが、やがて緯糸で模様を表現する方法（緯錦《ぬきにしき》）が生まれ、色糸が多く使えるようになり、美しい模様表現が可能になりました。

織り機の形態も原始的な空引機《そらびきばた》に代わって、明治時代にはフランスからジャカード機が導入され、錦織の世界は一変。現在は、紋紙《もんがみ》（図案）の代わりにデータフロッピーが使われています。

唐織（からおり）

刺繍のように見える唐織は、室町時代に中国の明《みん》から伝わりました。当時、中国の船に積まれたものは時代にかかわらず「唐《から》」と呼ばれたため、唐織の名がついたとされます。やがて織りの組織が解明されると盛んに織られるようになり、江戸時代には大名《だいみょう》の奥方の豪華な打ち掛けとして、大人気になりました。現代でも礼装用の帯や能装束に用いられています。

織り地は三枚綾《あや》と呼ばれる綾織り（斜文《しゃもん》織り）が主流で、そこに光沢のある色緯糸《いろよこいと》（絵緯《えぬき》という）を浮かせて模様を織りだします。模様がふっくらと浮き上がった様子は、一見、刺繍にも見え、立体感のある仕上がりが印象的です。

唐花を大胆に織りだした唐織の袋帯。控えめな色でも、ボリューム感のある仕上がり。帯／きもの創り玉屋 銀座店

綴織（つづれおり）

古くから世界各地で織られてきた綴織は、エジプトではコプト織り、中国では刻糸《こくし》、ヨーロッパではゴブラン織りと呼ばれます。日本で織られるようになったのは江戸時代で、京都の西陣では、まず祇園祭などの祭礼の装飾品などに使われました。帯は明治以降に織られるようになり、ゴブラン織りの技法と様式を取り入れたものでした。

綴織の模様には、境目に「把釣孔《はつりこう》」という隙間があります。綴織は経糸の下に下絵を置き、緯糸で無地と模様の部分を別々に織り進めるため、この隙間ができ、経糸は全く見えません。緯糸を鋸《のこぎり》形の爪でかき寄せながら織ったものは本綴（爪綴《つめつづれ》）といい、高級品となります。

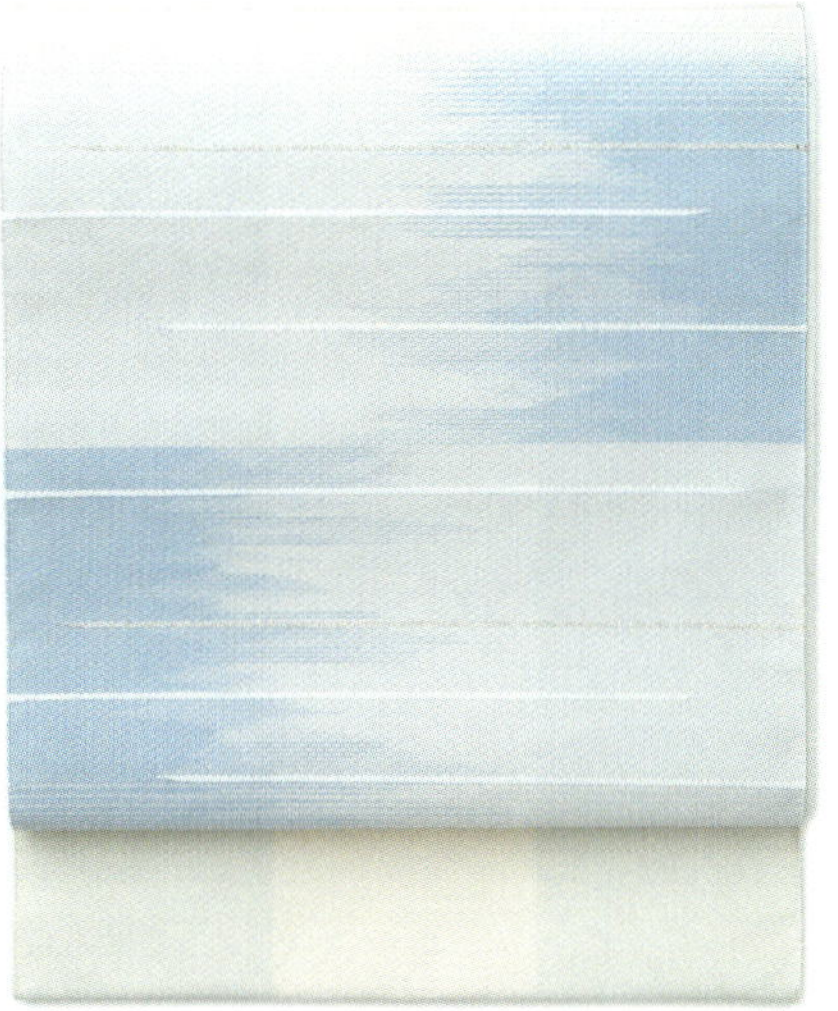

霞《かすみ》模様のようなモダンなデザインの綴織。名古屋帯なので、色無地、御召、小紋にも。帯／銀座もとじ 和織

すくい織（すくいおり）

綴織に似た技法ですが、綴織よりも模様がラフな感じに仕上がります。経糸の下に下絵を置き、緯糸を通した杼《ひ》と呼ばれる織りの道具を使って、経糸をすくいながら模様を織っていきます。節《ふし》のある紬糸を使ったものは、糸をすくい寄せたところが盛り上がり、ざっくりとした風合いに。素朴な生地感に人気があり、紬などの織りのきものに合います。

花模様を織りだしたすくい織の名古屋帯は、ざっくりとして立体感がある。帯／銀座もとじ 和織

斜子織（ななこおり）

平織りを変化させたもので、たたみ織、バスケット織とも呼ばれます。経糸と緯糸を1本ずつ交互に交差させて織る平織りに対して、斜子織は経糸と緯糸をそれぞれ2本かそれ以上束ねてから織るので、通常の平織りよりも太い糸で織ることになります。そのため、生地には隙間が多く、通気性がいいのが特徴です。

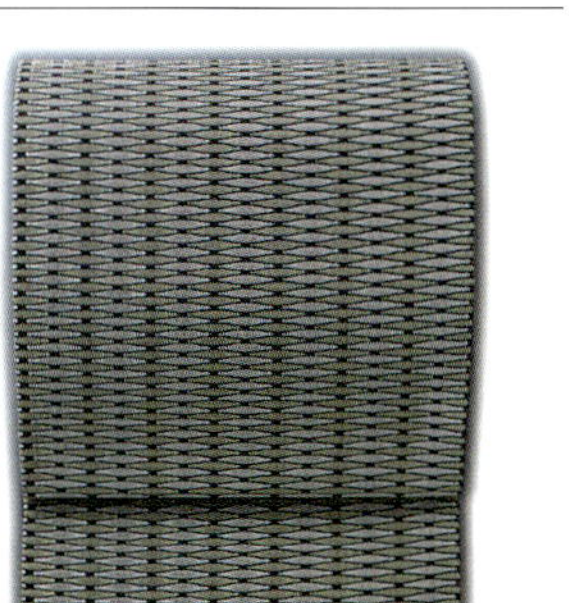

平織の一種、斜子織の名古屋帯。魚子織、並子織とも書く。

紬糸を紅花《べにばな》などの植物で染めてから織った、温もりのある紬帯。帯／銀座もとじ 和織

紬織（つむぎおり）

紬の産地ではきものだけでなく、帯も織られています。結城紬などは手紡ぎ糸を用いますが、ざっくりとした野趣に富んだ紬帯は、糸を太く紡いでワイルドな感じに仕上げます。紬織の帯の場合は、袋名古屋帯（八寸帯）に織られることが多く、お太鼓の部分を引き返してかがって仕立てます。また、紬の白生地に色柄を施した染め帯もあります。

博多織（はかたおり）

福岡県博多市を中心に織られている博多織の代表は献上《けんじょう》で、江戸時代に藩主が幕府への献上品として用いたことからの呼称。6千〜7千本の細い経糸を使って模様を織りだし、緯糸が通常より太いのも特徴の一つ。柄は縞《しま》や格子、法具を図案化した独鈷《とっこ》、花皿（花籠《けこ》）などの伝統的な文様のほか、意匠化した文様を取り入れたものもあります。

縞に独鈷と花皿を配した伝統的な献上博多帯。かたい地風《じふう》の単帯《ひとえおび》は、袷にも単衣にも締められる。帯／竺仙

ペルシャ風の草花を型染めした更紗の名古屋帯。帯地／銀座もとじ 和染

型染め（かたぞめ）

模様を彫った型紙やそのほかの型を用いて、帯地用の白生地に多彩な模様を施します。伊勢型紙という伝統的な型紙のほか、シルクスクリーンなどを用いた型染めもあります。

写真の染め帯は、更紗と呼ばれる、どことなく異国の香りが漂う型染めです。更紗はインドが起源とされ、日本へは室町時代以降に南蛮船で運ばれてきました。そのときの更紗は、人物や鳥獣、植物などの模様を捺染《なっせん》した木綿布でした。インドだけでなく、ジャワ更紗やペルシャ更紗、オランダ更紗などももたらされ、これらを総称して古渡《こわたり》更紗と呼びます。主に、お茶の道具を入れる袋物に珍重されました。

江戸時代中期になると、その布を模した日本の更紗が作られるようになりました。堺更紗、長崎更紗、鍋島更紗などで、これらを和更紗といいます。袋物や羽織の裏地などに人気があったようですが、昭和に入ると、きものや帯にも生かされるようになりました。更紗は型染め以外に手描きや木版摺りなどもあります。

染め帯にもいろいろあります

帯用の白生地にさまざまな技法で地色や模様を染めたものが染め帯です。名古屋帯が主流なので、小紋や紬に合わせるのがよいでしょう。袋帯の染め帯もありますが、基本的に礼装には不向きです。

染め帯に用いられる帯用の白生地。塩瀬、縮緬、絽縮緬、紬などさまざまな素材がある。これらを友禅染、型染め、絞り染め、刺繍など技法によって使い分ける。

手描き友禅（てがきゆうぜん）

京友禅、加賀友禅、東京友禅に代表される友禅染は、糸目糊（友禅糊）を用いて多彩な色を染める染色技法です。その技はきものだけでなく帯にも用いられ、絵画のように華やかな染め帯に仕上がります。

とくに帯の場合は面積が少ないので、ワンポイント的な模様を印象的に表現し、帯の柄だけで季節を演出することができます。きものは数種の草花をちりばめて、季節を問わず着用できるように工夫された意匠もありますが、帯は、桜、朝顔、紅葉、菊などを単体であしらって、季節を意識したものが目立ちます。

塩瀬地に撫子《なでしこ》を描いた清楚な染め名古屋帯。
帯地／銀座もとじ 和染

菊と松を刺繡で描いた名古屋帯。帯地／銀座もとじ 和染

刺繡
（ししゅう）

美しい絹糸で一針一針縫い取って、優雅な模様を完成させる日本刺繡の技は、きものや帯にも使われています。刺繡は中国からの仏教伝来とともに始まりました。聖徳太子の死後、夫人が冥福を祈って作らせた「天寿《てんじゅ》国繡帳《こくしゅうちょう》」などの繡仏（釈迦涅槃図《しゃかねはんず》を刺繡で表現したもの）には、駒繡《こまぬ》い、平繡《ひらぬ》い、返し繡い、繻子繡《しゅすぬ》い、繧繝《うんげん》繡《ぬ》い、相良繡《さがらぬ》いなど、現在とほとんど変わらない技法が見られます。華やかな桃山時代の小袖には、金銀の箔と繡いを併用した繡箔《ぬいはく》が多用され、重厚で立体感のある仕上がりになっています。

その後、友禅染の流行によって、刺繡は友禅染の補助的な役割にまわるようになりました。友禅で模様を染めた後、アクセント的に繡いを施しますが、その一方で、刺繡だけで模様を描いたきものや帯もあります。

絞り染め
（しぼりぞめ）

樹皮の繊維や糸で布の一部を括ったり縫ったりすることで防染し、模様を表現するのが絞り染めです。きものだけでなく、帯にも活用されています。室町時代に全盛期を迎えた辻が花は、模様の輪郭線を細かく縫い絞ることで、絵画的な模様を表現したものです。江戸時代になると、愛知県の有松地方で木綿の絞り染めが誕生。それが今も受け継がれている有松・鳴海《なるみ》絞りで、当時は東海道を旅する人たちの土産物として、藍《あい》染《ぞめ》の手ぬぐいが大人気でした。現在は木綿の浴衣のほか、絹物にも染められ、きものや帯が作られています。

白地に墨で辻が花風の模様を絞り染めした名古屋帯。帯地／銀座もとじ 和染

代表的な絞り技法、巻き上げ絞りで檜《ひ》垣《がき》文様を表現した帯。藍の1色づかいでも、絞りで模様を染めると、インパクトは絶大。

帯の柄付けと仕立て方

江戸末期に深川の芸者によってお太鼓結びが考案されると、帯の柄付けは大きく変化しました。現在は主に3種類あります。

また、袋名古屋帯や名古屋帯は、反物で販売されていて、名古屋帯は帯芯《おびしん》を入れて仕立てます。

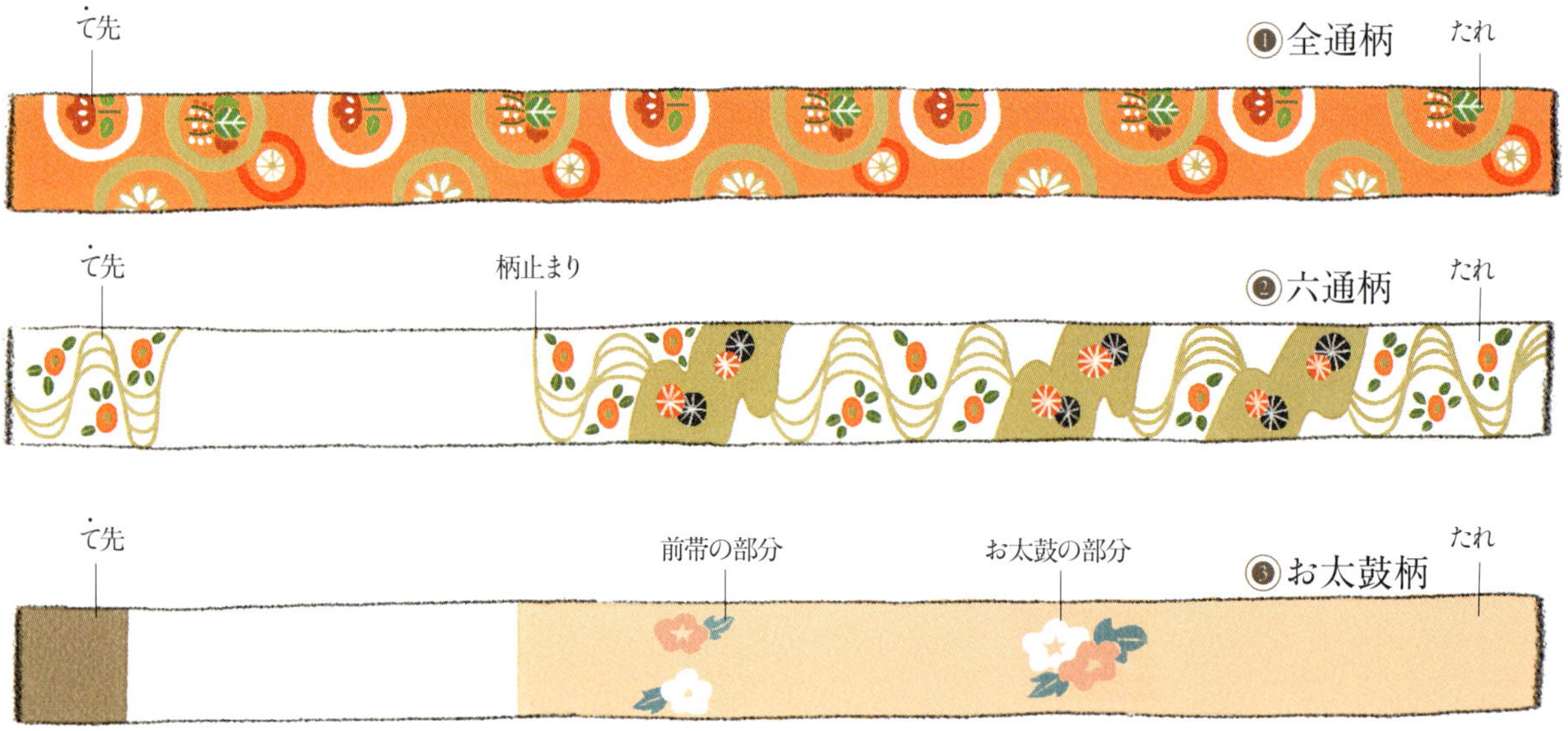

❶ 全通柄（ぜんつうがら）

帯全体に柄をつけたもので、格調の高い振袖用の袋帯に見られますが、今では珍しくなりました。

❷ 六通柄（ろくつうがら）

全体の6割に柄をつけたもので、もっとも一般的。全体の長さの8割に柄をつけた「八通柄」もあります。

❸ お太鼓柄（おたいこがら）

お太鼓の部分と前帯の部分に模様をつけたもの。総模様の帯に比べて安価で、ファッション性もあります。名古屋帯はお太鼓柄が主流。

袋帯の仕立て

かつては袋状に織られていましたが、現在は表と裏を別々に織って、両端をかがったものが主流です。帯芯も厚手のものより薄手の不織布の芯が好まれ、軽やかな仕上がりに。

内側に折ってかがる

袋名古屋帯の仕立て

帯地が地厚な袋名古屋帯（八寸帯）は、帯芯を用いず、たれの部分を1メートルほど引き返して（名古屋帯も同様）、お太鼓部分を厚くしっかりとさせます。お太鼓の両側が開いているもの（トンネルかがり）は、結ぶと二重太鼓のように見えます。

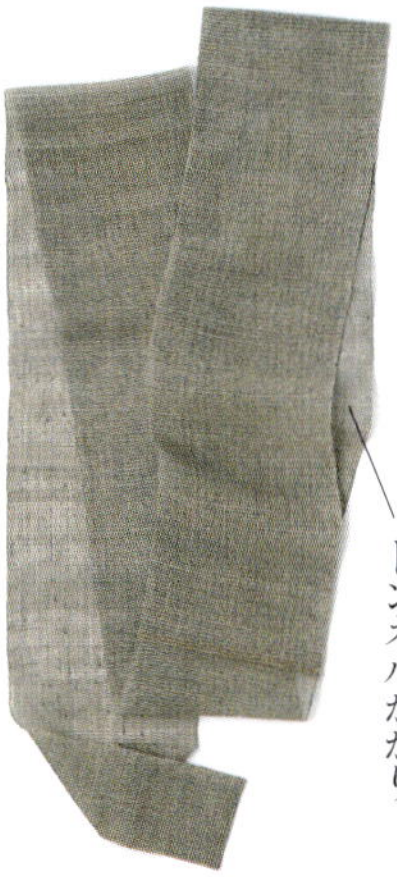

トンネルかがり

名古屋帯の仕立て

名古屋帯の仕立ては大きく3タイプあります。もっとも一般的なものは「名古屋仕立て」ですが、背の高い方は前帯の幅を自由に変えられる「松葉《まつば》仕立て」や「額縁《がくぶち》仕立て」を選ぶと、体型に合った帯結びができます。

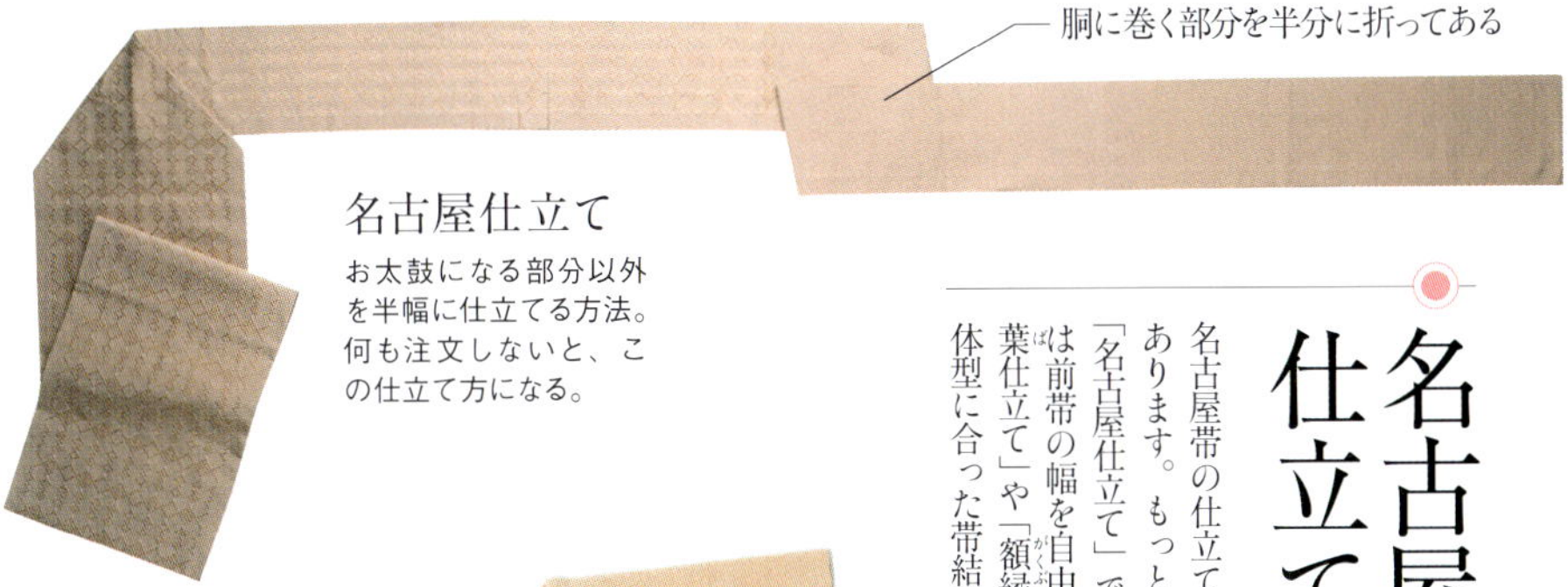

胴に巻く部分を半分に折ってある

名古屋仕立て

お太鼓になる部分以外を半幅に仕立てる方法。何も注文しないと、この仕立て方になる。

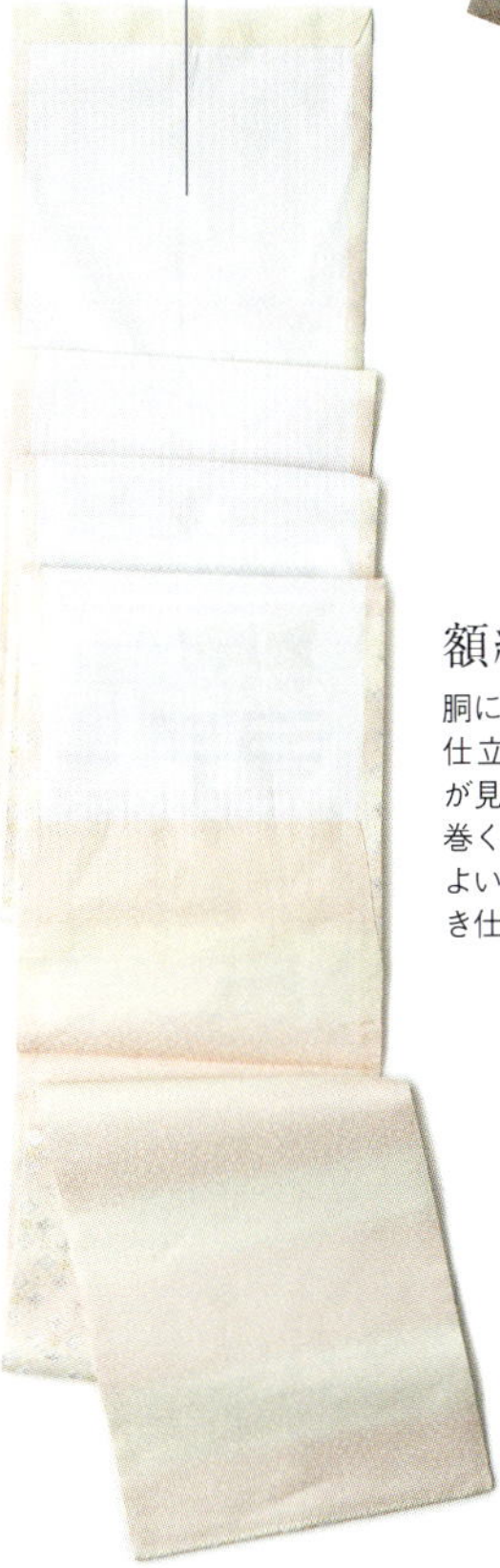

半分に折っていない

額縁仕立て

胴に巻く部分を開いて仕立てる方法。帯芯が見えているが、胴に巻くので気にしなくてよい。「鏡仕立て」「開き仕立て」ともいう。

て先だけ半分に

松葉仕立て

て先を扱いやすいように、好みの長さの分だけて先を半幅に仕立てる方法。形が松葉に似ているので、この名がついた。

はじめてのお誂え

はじめて「きもの」を仕立てることになって浮かれてたけど…
一体どこでどんなものを買えばいいやら…呉服屋さんなんて入ったこともないよ〜〜〜
ハァ〜
空美先生〜〜どうしたらいいですか〜〜〜?
き、絹子さん大丈夫ですよ。なじみの呉服屋さんをご紹介しますよ
呉
いらっしゃいませどんなものをお探しですか?
あの〜無地の紬で色は淡いピンク系がいいんですけど予算はこれこれで…
先生〜呉服屋さんてすごいですね! イメージ通りの反物を選んでくれて帯までコーディネートしてくださって♥
絹子さんすてきじゃない!! このきものと帯なら長い間使えますよ
あらかじめどんなものがほしいか予算はいくらか決めていったのがよかったのね
太鼓判

第2章

フォーマルきもの

結婚式をはじめとする各種お祝いの席、
式典、葬儀・告別式など
正式な場に着用するきものは、
決まりごとを守って
相手に礼を尽くすことが大事です。

フォーマルきものって何ですか？
冠婚葬祭に着る礼装のきものが中心。TPOに合わせて、相手に失礼にならないように。

フォーマルきもの ① ―

振袖（ふりそで）

基本は未婚女性が着る もっとも格の高いきもの

成人式に

優しいピンク地に、貝桶《かいおけ》や橘《たちばな》を散らした初々しい古典柄は、1枚目の振袖に最適。白地に唐花《からはな》を織りだした袋帯で爽やかにまとめました。
振袖一式／日本橋三越本店

振袖は袖の長いきもののことですが、振袖という名称が生まれたのは江戸時代初期。当時の振袖は子どもと18歳までの未婚女性が着るきもので、長い袖は若さの象徴でした。今もその意味は変わりませんが、年代にかかわらず、パーティなどで華やかな振袖を着る時代になりました。

基本的に振袖は最高に格の高い未婚女性の第一礼装なので、五つ紋をつけるのが本来の決まりですが、現代では三つ紋、一つ紋のほか、無紋《むもん》でも晴れ着として着用できます。

振袖の袖丈は数種ありますが、ど

成人式、結婚式のおよばれほか、華やかなパーティにも

パーティに

落ち着いた朱色のぼかしに、流水を配し、その上に桜や菊の花筏《はないかだ》をあしらった上品なデザイン。クラシックな扇文様の帯で格調高く。振袖一式／きもの創り玉屋 銀座店

の長さを選ぶかは、着る人の身長とのバランスで考えるのがよいでしょう。大振袖《おおふりそで》（袖の長さがくるぶしくらい）、中振袖《ちゅうふりそで》（袖の長さがふくらはぎくらい）、小振袖《こふりそで》（袖丈76～86センチ）の3タイプが主流です。大振袖は花嫁衣装やお色直し、成人式に、中振袖と小振袖は初釜やパーティなどに用います。

振袖の生地は縮緬《ちりめん》や綸子《りんず》、またはおめでたい地紋を織りだしたものなど。それらの白生地に、友禅染《ゆうぜんぞめ》や型染め、絞《しぼ》り染め、刺繍《ししゅう》、箔《はく》置《お》きなどで古典模様やモダンな模様が染められます。

＊紋については47ページ参照。

フォーマルきもの ②

黒留袖（くろとめそで）

留袖には黒地の黒留袖と、色地の色留袖《いろとめそで》があり、染め抜き五つ紋付きのものはどちらも同格です。着用する場所が異なってくるため、まずは黒留袖から紹介します。黒地の裾《すそ》に華やかな格調の高い模様が描かれた黒留袖は、既婚女性が着るきものの中でもっとも格の高いものです。

江戸時代は女性が18歳になったり、結婚したりすると、それまで着ていた振袖の長い袖を切って短くしました。この風習を「留袖」といい、その頃の留袖は黒地に限らず、大人の女性が着るきもの全般をさしました。やがて、19世紀初め頃になると、民間で黒地染め抜き日向《ひなた》五つ紋のついた裾模様のきものを、既婚女性の式服とする習慣が広まりました。当時、このきものは江戸《えど》褄《づま》と呼ばれましたが、やがて黒留袖という名前になりました。

黒留袖の生地には、主にしぼの小さい一越縮緬《ひとこしちりめん》が用いられます。袷《あわせ》の黒留袖には、裏地の裾部分が表地と同じ生地の共八掛《ともはっかけ》がついています。模様は裾だけで、縫い目で模様が途切れない絵羽模様《えばもよう》になっているのが特徴。模様は祝儀の席にふさわしい吉祥《きっしょう》文様や有職《ゆうそく》文様、正倉院文様などが主流です。

＊絵羽模様については46ページ、紋については47ページ参照。

新郎新婦の母親や親戚の既婚女性が着ます

結婚式に

平安時代の貴族の乗り物、御《ご》所車《しょぐるま》を中心に、松竹梅や菊、宝尽くしをあしらった華やかな黒留袖。八角形や四角形をつないだ蜀江《しょっこう》文様（正倉院文様の一つ）の袋帯で格調高く。きもの一式／日本橋三越本店

留袖には決まりごとがあります

既婚女性の第一礼装である留袖には、仕立て方や小物の合わせ方に、独特の決まりがあります。留袖を礼装として着る場合は、自分流にアレンジすることは避けて、正式な装い方をするのがマナーです。

① 比翼《ひよく》つき

本来は白羽二重《しろはぶたえ》のきもの（下着）を重ねて着ましたが、現代は着やすいように、付け比翼《ひよく》をつけて仕立てます。比翼を衿、袖口、振り、腰から下の裾につけることで、2枚重ねたように見えます。

② 五つ紋付き

背中心、両後ろ袖、両胸の5か所に紋をつけます。いろいろな紋がありますが、留袖の場合は染め抜き日向紋です。

③ 白い半衿と長襦袢《ながじゅばん》

留袖の下に着る長襦袢は、白地を選びます。喪服と兼用する場合、地紋が入っているものは、おめでたい吉祥文様は避けましょう。半衿は必ず白をつけます。

④ 格調高い袋帯

留袖には、二重太鼓が結べる織りの袋帯を合わせます。白地や金地、銀地などの、留袖に調和する格の高い模様を織りだしたものを選びます。

⑤ 白い帯揚げと帯締め

帯揚げは綸子、絞りなどの白、帯締めはやや幅広の白が基本。どちらも金糸、銀糸入りがよいでしょう。祝儀用の扇子は末広《すえひろ》といい、儀礼用なのであおぎません。

フォーマルきもの ③

色留袖（いろとめそで）

重

五つ紋付きは黒留袖と同格で主賓クラスが着ます

黒以外の色で地色を染めた留袖を色留袖といいます。黒留袖と同じように染め抜き五つ紋がついたものは、黒留袖と同格です。黒留袖は基本的に既婚女性が着ますが、色留袖は既婚、未婚にかかわらず着用できるとされています。

　黒留袖と異なるところは、色留袖の場合は目的によって紋の数を変えられることです。黒留袖は染め抜き日向五つ紋と決まっていますが、色留袖は五つ紋のほかに三つ紋や一つ

結婚式に

淡いグリーン地に雅《みやび》な色紙《しきし》文様を描いた色留袖は、五つ紋付きにすると黒留袖と同格。菱《ひし》文を織りだした袋帯と合わせると、古典モダン風のコーディネートに。叙勲《じょくん》などの宮中《きゅうちゅう》行事にも向きます。きもの一式／日本橋三越本店

軽

一つ紋にすると、着用範囲が広くなります

紋をつける場合もあります。紋の数が減ると準礼装（セミフォーマル）となり、結婚披露宴のほかに、格式のあるお茶会やパーティなど、装う場所が広がります。

　五つ紋の場合は、黒留袖と同じように比翼仕立てにしますが、三つ紋や一つ紋は簡略化して、白糸の伊達《だて》衿《えり》（重ね衿）を用いる方法もあります。幅広く着用したいときは、きものの模様も格式のある古典柄の吉祥文様よりも、シンプルな柄付けのモダンなものが使いやすいかもしれません。紋の数や模様は、自分がもっとも着る機会の多い場を想定して決めましょう。

memo

宮中でのきもの

叙勲などの宮中参内《さんだい》の装いは、黒留袖ではなく、染め抜き五つ紋付きの色留袖に織りの袋帯が正式だが、同伴者がいる場合は格を合わせる。男性が燕尾服《えんびふく》（モーニング）なら色留袖を、スーツなら紋付きの訪問着など。

パーティに

落ち着いたベージュ地に蔓帯《かずらおび》文様をモダンにアレンジした色留袖は、一つ紋をつけると着用範囲が広がります。アラベスク模様の袋帯でエレガントに。きもの一式／きもの創り玉屋 銀座店

訪問着（ほうもんぎ）

重 柄の多い華やかな訪問着は、現代女性の社交着

結婚式に

紋意匠の生地に優しいぼかし染めを施し、絞りや刺繍、染めで雅な古典文様を描いた訪問着。七宝《しっぽう》文様の袋帯で正統派の装い。さらに華やかさをプラスするなら、伊達衿をつけても。きもの一式／日本橋三越本店

大人の女性が着るきものの中で、留袖の次にフォーマルなきものが訪問着です。明治時代に英語のビジティングドレスと同格のきものとして、「訪問服」と名付けられましたが、今は訪問着と呼ばれています。公式なきものだったので、昔は三つ紋をつけましたが、現代は略して一つ紋をつけたり、紋をつけずに仕立てる場合も多くなりました。

縮緬、綸子、羽二重、紋意匠《もんいしょう》、絽《ろ》、紗《しゃ》などの生地に、さまざまな模様をあしらいます。留袖と同じ絵羽模様ですが、模様のつけ方は独特。肩、

軽

控えめな柄の訪問着は、結婚式からパーティまで

袖、裾に模様を施したもの以外に、全体に模様が配されたものもあります。模様の密度が濃いほど華やかさが増し、少なければすっきりとした印象になります。華やかなものは結婚式などに向き、控えめなものは付け下げ感覚で各種お祝いの席やパーティにも着用できます。

模様は古典から現代感覚のモダンなものまで多種多様です。染色作家の個性を生かしたものも多く見られます。帯は金糸、銀糸や箔づかいのものなど、きものに調和する格の高い袋帯が向きます。帯揚げと帯締めは白に限らず色物でかまいませんが、淡い色目が上品です。

memo

紬の訪問着

紬の白生地に絵羽模様を染めた訪問着もあります。柄付けは訪問着ですが、礼装や準礼装のきもののジャンルには入らず、あくまでもお洒落着です。金糸、銀糸入りの袋帯ではなく洒落袋帯などを合わせて、気軽なパーティに。

パーティに

ペパーミントグリーンに唐花《からはな》文様を染めた控えめなデザイン。幾何学《きかがく》文様を織りだしたすっきりとした袋帯を合わせると、よりモダンさが強調されます。幅広く着用したいならこんな装いも。
きもの一式／日本橋三越本店

フォーマルきもの ⑤

付け下げ（つけさげ）

付け下げは一見すると、訪問着と柄付けが似ていますが、全体の印象は訪問着より柄が少ないといったところでしょうか。第二次世界大戦のとき、華美な訪問着が禁止されたために、柄が控えめな訪問着を簡略化したものとして考案されたといわれています。

訪問着と付け下げの違いを見てみると、付け下げは絵羽模様ではないため、衿には模様はつながらず、さらに肩から袖にかけて模様がつながっていないものもあります。訪問着は仮絵羽（仮仕立て）ですが、付け下げは反物で販売されていて、柄がすべて上を向いています。

基本的に訪問着よりは控えめに作られていますが、付け下げが人気になったため、上前の衽と前身頃の縫い目で模様がつながるように改善され、付け下げ訪問着と呼ばれるものもできました。今もさまざまなタイプの付け下げが作られていますが、①柄が控えめなこと、②反物で販売されていること、の2点を覚えておくとよいでしょう。

大げさすぎないシンプルな柄付けの付け下げは、現代ではとても重宝なきものです。洒落た柄をポイント的にあしらった、無地感覚の付け下げも多く見られます。帯合わせによって、結婚披露宴からお茶席、パーティ、観劇などに、幅広く着用できます。

重 ― 華やかな袋帯を合わせれば、訪問着と同じように着られます

結婚式に

上品な色合いのぼかしに、優美な王朝模様を描いた付け下げ。七宝花菱の袋帯を合わせれば、訪問着と同じような華やかな装いに。淡い色目の小物で全体を柔らかく仕上げます。きもの一式／きもの創り玉屋 銀座店

パーティに

黒地に蔓帯と華文《かもん》を流れるように描いたモダンな付け下げ。白地の袋帯との洗練された組み合わせは、洋装の人が多いパーティでも一際お洒落。きもの一式／きもの創り玉屋 銀座店

軽

ドレス感覚の
柄付けで、
さりげなく個性を主張

軽

落ち着いた
古典柄なら、お茶席から
各種お祝いの席に

お茶席に

白地におめでたい雲取り模様を染めた控えめな付け下げは、帯で印象が変わります。七宝繋ぎの織りの名古屋帯はお茶席に最適です。ドレスアップしたいなら、華やかな袋帯を。きもの一式／日本橋三越本店

memo

付け下げは反物で販売されている

絵羽模様の訪問着は、全体の柄がわかるように仮絵羽に仕立てられていますが、付け下げは反物で販売されています。購入する際には、このページで紹介したような形にしてもらい、模様の大きさや配置を確認しましょう。

きもの地／きもの創り玉屋 銀座店

フォーマルきもの ⑥

色無地（いろむじ）

花嫁の白無垢《しろむく》、還暦《かんれき》の紅衣装、喪服の黒無地、かつての女学生の卒業式の式服など、無地染めのきもの（色無地）は、昔から人生の節目となる大切な時期にまとわれてきました。現代でも、卒業式や入学式に付き添う母親の装いに、色無地のきものは重宝します。また、お茶席の装いとしても欠かせないきものといえるでしょう。

色無地は白生地を好みの1色で染めたきもので、柄はついていません。白生地には地紋のないものと地紋入りのものがあり、どちらを選ぶかによって、1色染めとはいえ、仕上がりの印象はかなり変わってきます。地紋入りの白生地には、綸子や紋意匠縮緬などがあります。選ぶときの目安として、1枚目の色無地は地紋なし、2枚目は地紋入りという選択肢もありそうです。

また、色無地は色によっては不祝《ぶしゅう》儀《ぎ》（45ページ参照）にも使えるため、慶弔両用として使うのなら、おめでたい柄の地紋は避け、色も紫、藍《あい》、グレーなどの落ち着いたものを選びます。慶事だけに着るのなら、地紋も色も好みのものを自由に選んでかまいません。

そして、色無地のきもので大切なことは、紋を入れるということです。五つ紋や三つ紋は少し大げさですが、一つ紋をつけておくと、かなり改まった席にも着ていけます。

＊紋については47ページ参照。

重 一つ紋付きに袋帯を合わせると、格が上がります

結婚式に

色無地の地紋は、格の高い桐竹鳳凰文《きりたけほうおうもん》。一つ紋をつけておくと、準礼装のきものとして活用できます。結婚式には、七宝文様のような格の高い袋帯を合わせて。明るい地色なので、不祝儀には使えません。きもの一式／日本橋三越本店

軽

一つ紋付きに織り名古屋帯を合わせると、お茶席やお祝いの席に

お茶席に

同じ色無地でも、織りの名古屋帯にすると少し軽めの装いになり、お茶席や各種お祝いの席に最適です。名古屋帯の中でも、さらに軽めの帯を合わせれば、観劇や食事会などにも。合わせた帯は、おめでたい若松を織りだしたもの。帯／日本橋三越本店

色無地の白生地

染めていない状態の白生地。地紋のあるものとないものに大別されます。紬地の白生地もありますが、準礼装には用いず、お洒落着用に。

1色で染める

地紋入りの白生地を染めると、模様が浮き立って奥行きが出ます。同じ模様でも、地色によって印象が変わります。

memo

一つ紋をつける

色無地に紋をつける場合、もっとも一般的なものは、背中心に入れる一つ紋。色無地は控えめな品格のあるきものなので、紋をつけることで改まった印象になる。紬地の色無地につける場合は、家紋ではなく洒落紋を。

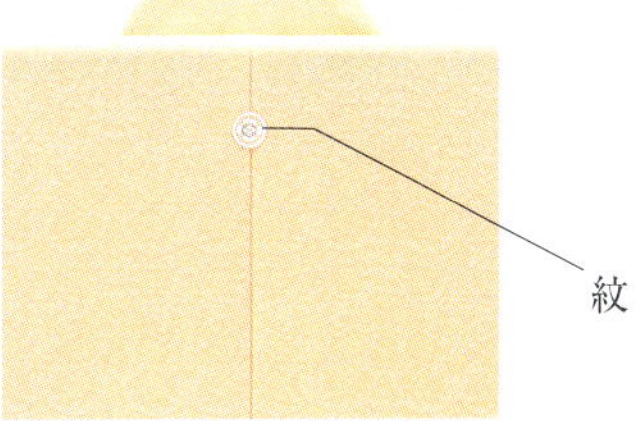

江戸小紋（えどこもん）

重 一つ紋付きに袋帯を合わせると、改まった装いになります

お茶席に

武士の裃に用いられた柄(角通《かくどお》し)の江戸小紋は、一つ紋をつけておくと着用範囲が広がります。落ち着いた七宝文様の袋帯との組み合わせは、お茶席の定番。さらに華やかな袋帯を合わせれば各種お祝いの席にも。きもの／竺仙

京都の型友禅に対して、東京で染められる小紋（全体に模様のあるきもの）を東京染小紋《とうきょうそめこもん》といいます。ここで紹介する江戸小紋は、その東京染小紋の中の一つです。江戸時代から染められてきた江戸小紋は、遠目から見ると無地のように見える細かい柄に特徴があります。

細かい柄といっても、その大きさはさまざまですが、針の先のような細かさで模様を表現したものは、江戸時代は武士の裃《かみしも》に用いられていました。裃とは武士が江戸城に出仕する際に着用した公の衣装で、上下に分かれています。各藩によって柄が決まっているものもあり、そうした柄を「定《さだ》め小紋」や「留《と》め柄」といいます。武士が着用した江戸小紋に憧れを抱いていた江戸の町人たちは、遊び心のある柄をモチーフにして、町人好みの小紋を染めました。現在はどちらの小紋も作られていますが、一つ紋をつけ、略礼装として着用できるのは、武士の裃のような細かい柄の江戸小紋です。

この細かい柄は、専門の彫り師が彫った伊勢型紙という型紙を用いて染められます。型紙の彫り方には、突き彫り、錐《きり》彫り、引き彫り、道具彫りがあり、柄の種類によって異なります。もっとも有名な鮫《さめ》小紋は、円形をつないで模様を表現する錐彫りが用いられます。

*カジュアルな江戸小紋については56ページ参照。

紋をつけて着たい江戸小紋

鮫（さめ）

三役の一つで、細かい点で円弧形を重ねた柄が、鮫の皮のように見えることからこの名が。極鮫《ごくさめ》は紀州徳川家の留め柄でした。

行儀（ぎょうぎ）

三役の一つで、小さな円形（霰《あられ》）を斜めに並べた文様。角通しに似ていますが、柄が円形なので染め上がったとき、柔らかさが出ます。

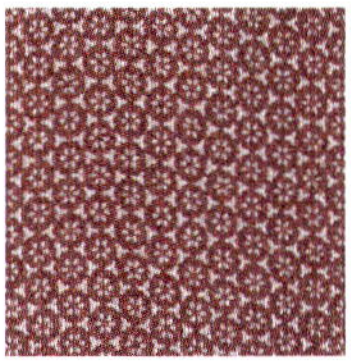

梨の切り口（なしのきりくち）

８弁の花を丸で囲んだ柄ですが、実は梨の実を真横に切った形とも。家紋には使われていますが、江戸小紋の柄では珍しいものです。

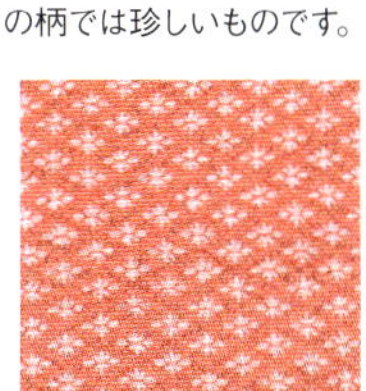

剣菱（けんびし）

剣を十字に配した菱形が整然と並んだ風格のある文様。剣は古くは神器《じんぎ》とされたものなので、身を守り勇気を与えてくれる柄です。

軽

一つ紋付きに織り名古屋帯を合わせると、街着の雰囲気に

観劇に

同じ角通しの江戸小紋でも、合わせる帯によって印象が変わります。織り名古屋帯ならきりっとした感じに、染め帯なら柔らかさが演出できます。小物の色でアクセントをつける楽しさもあります。

角通し（かくどおし）

江戸小紋を代表する柄の一つで、角通し、鮫、行儀の3つを「江戸小紋三役《さんやく》」と呼びます。角通しは細かい正方形を規則的に並べた文様で、紋をつけて着たい柄です。

フォーマルきもの ⑧

―小紋（こもん）

基本的に、小紋はきもの全体に柄があり、洋服でいえばプリントのワンピースのようなイメージでしょうか。まれに手描きのものもありますが、多くは型紙を用いた型染めによって作られます。きものの格としては付け下げの次になりますが、柄付けによっては、付け下げのように部分的に模様を施したものもあります。

訪問着や付け下げを着ていくほどではないけれど、レストランでの披露宴やお祝いの席などに、ちょっとお洒落をして出かけたいときに便利なきものです。

結婚式に

仲間内の結婚式やレストランウェデング、二次会などに最適の装い。上品な雪《ゆき》輪《わ》文様には金箔があしらわれ、華やぎのある柄です。古典柄をモダンにした七宝文様の帯がお洒落。きもの地、帯地／ともに銀座もとじ和染

飛び柄小紋に織り名古屋帯の組み合わせは、披露宴にもＯＫ

モダンな
菱《ひし》柄の小紋は、
同系色の帯で
すっきりと
見せるのが
お洒落

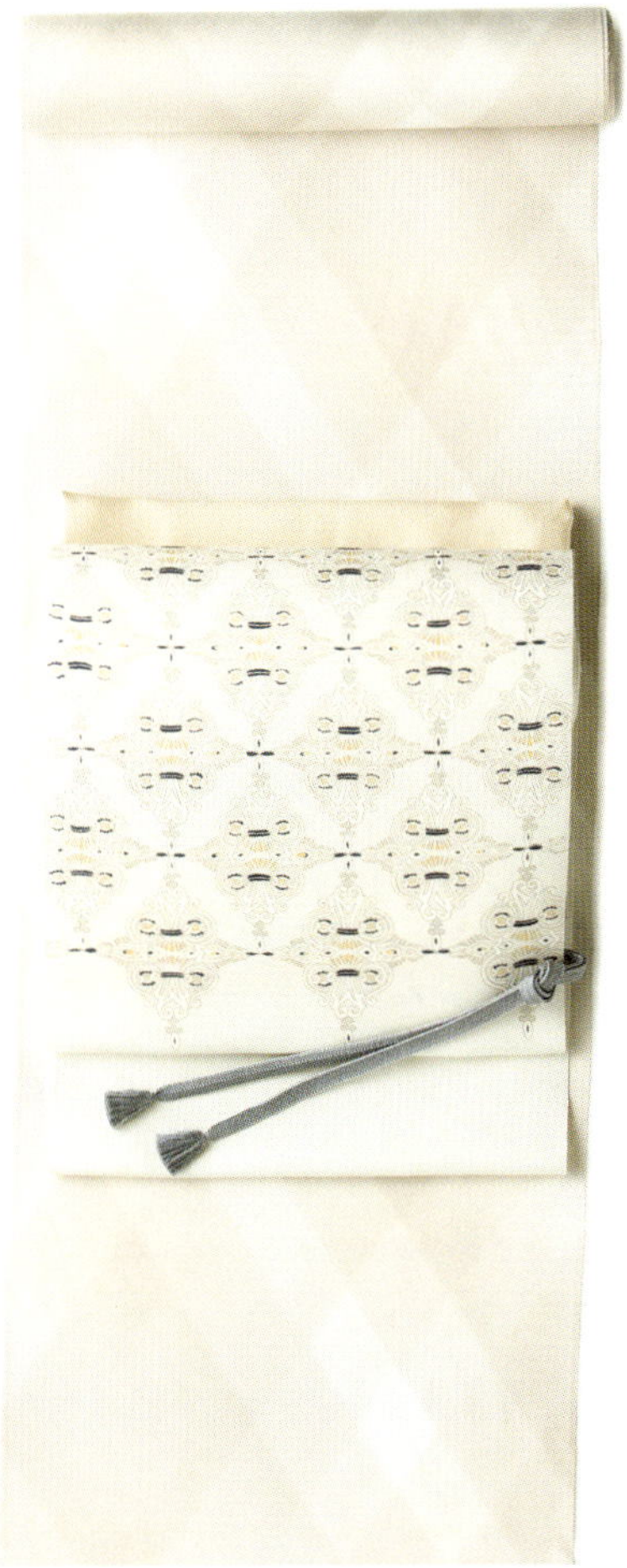

ギャラリー巡りに

現代的な空間に映える柔らかなベージュは、作品を邪魔しない控えめな色合いが魅力。ギャラリー巡りのほか、レストランでの食事会などに。グレーの帯締めでアクセントを添えて。きもの地、帯地／ともに銀座もとじ 和染

黒地の
飛び柄小紋は、
帯をポイントに
個性を
演出しましょう

パーティに

洋服感覚で着られる黒地の小紋は、松を描いた丸文様が部分的に飛んでいます。七宝繋ぎの文様をモダンに織りだした名古屋帯を合わせ、黒と白のコントラストを楽しんで。きもの地、帯地／ともになか志まや

優しい色と
伝統の
吉祥文様は、
1枚目の
小紋に最適

お祝いの席に

薄紫色におめでたい宝尽くし文様を配した可愛らしい小紋。ピンク地に菊菱《きくびし》の染め名古屋帯で若々しく華やかに。黒や紺など濃い地色の帯を合わせると、雰囲気が変わります。きもの地、帯地／ともにきもの創り玉屋 銀座店

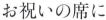

フォーマルきもの ⑨

喪服（もふく）

喪の装いは地方によって多少違いがあります。それぞれ習慣を大切にしながら、礼を尽くした装いを心がけましょう。

現代の葬儀・告別式で、喪主や親族など近親者が着るのは、染め抜き日向五つ紋付きの黒喪服に、地模様を織りだした黒喪帯の正装が基本です。一般の会葬者も正装してもかまいませんが、故人との関係が浅くお焼香に伺うだけなら、略礼装のほうが落ち着きます。

略礼装とは、黒喪服に色喪帯の組み合わせのことです。いずれの場合も、季節に合わせて、袷、単衣、薄物を着分けます。正装の場合、帯揚げ、帯締め、バッグ、草履などはすべて黒で統一します。半衿、長襦袢、足袋は白。帯板や帯枕も黒はありますが、なければ通常のものでかまいません。

通夜は本来略礼装でよいのですが、洋装と同じように、最近は黒喪服の正装をするのが主流になりました。喪主は告別式と同じ喪の正装にし、一般の会葬者の場合は色喪服に黒喪帯などの略礼装にします。

四十九日や一周忌などの法要は、近親者は正装が基本ですが、それ以外は地味な色無地と黒喪帯や色喪帯を合わせます。

葬儀・告別式には、黒喪服に黒喪帯の正装をします

葬儀 告別式に

袷の季節の正装は、しぼの小さい縮緬や羽二重を黒に染めた喪服。帯は錦織《にしきおり》や綴織《つづれおり》などで地模様を織りだした黒喪帯で、袋帯、名古屋帯のいずれでも。帯揚げや帯締めは黒で統一。

正装に持つバッグと草履は、黒の布製が基本。上質なものをセットで用意しておくと、長く使える。

色喪服は
こんな色調で!

通夜に

グレーがかった紫色の色無地(一つ紋付き)に黒喪帯の組み合わせは、故人との関係によって葬儀・告別式から通夜、法事まで着用可能。帯揚げと帯締めは黒でまとめます。

通夜には色喪服に黒喪帯で控えめに

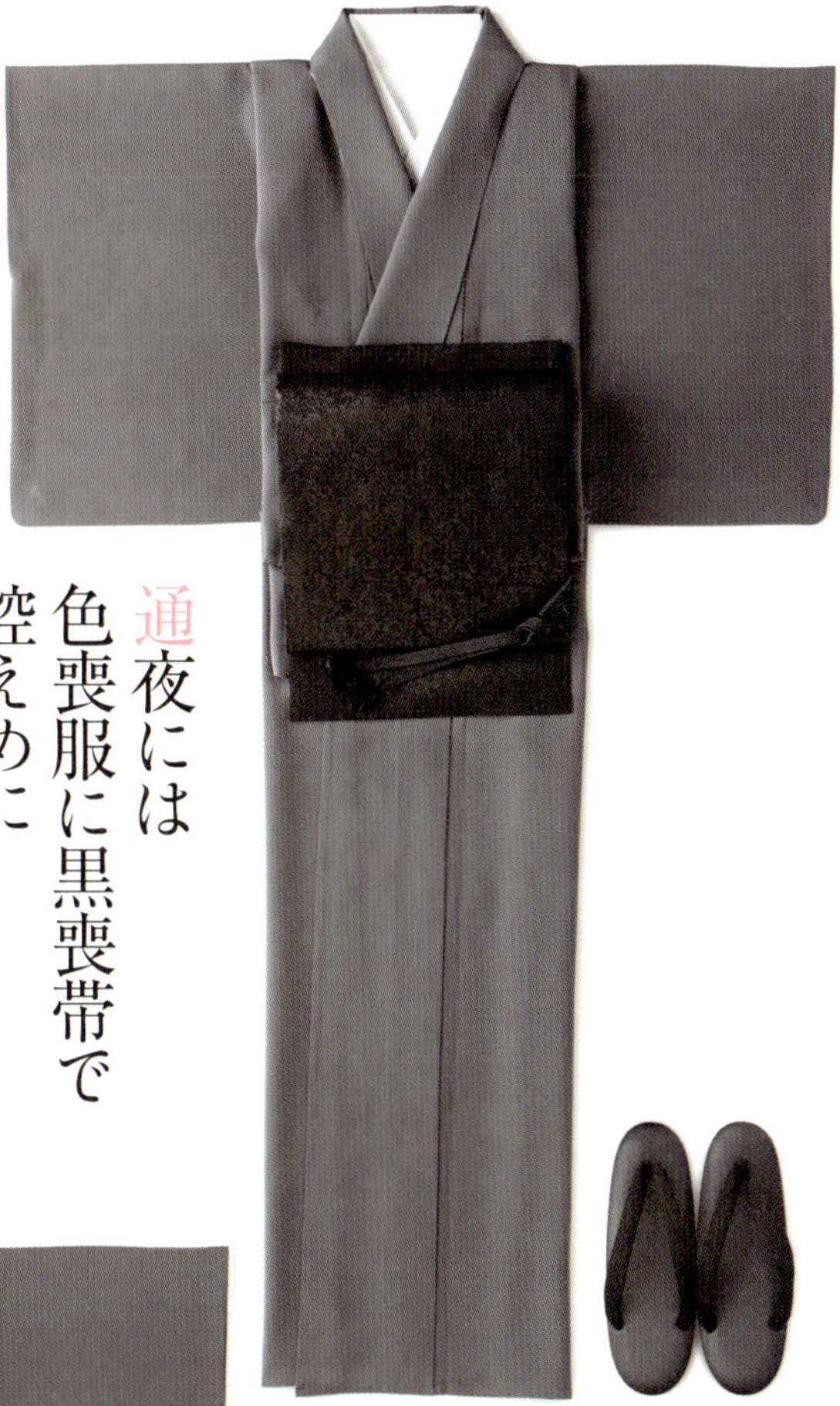

偲《しの》ぶ会に

偲ぶ会は法要よりも喪の色を薄くします。地味な色無地や江戸小紋、小紋に、色喪帯や金銀を使っていない控えめな帯を合わせます。

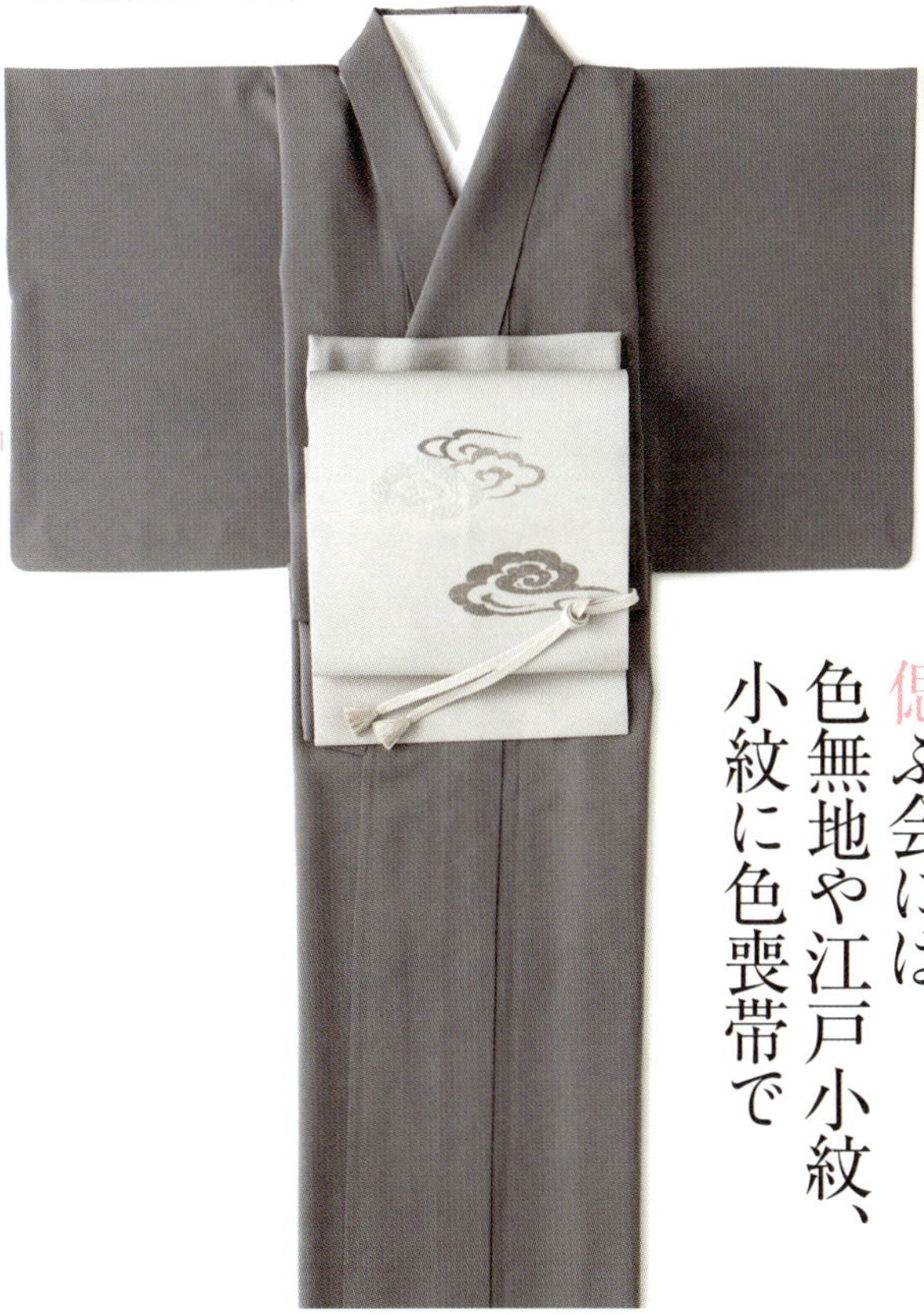

偲ぶ会には色無地や江戸小紋、小紋に色喪帯で

略礼装の色喪服の場合、草履は黒のほかグレーなどでもよい。バッグは黒が落ち着く。

絵羽模様のしくみ

絵羽模様とは、きものの柄付けの方法の一つで、きものを広げたときに、全体に模様がつながっています。その模様はどのようにつけられるのでしょうか。

裾のほか、衿、肩、袖にも模様がある訪問着。

裾だけが絵羽模様になっている色留袖。

白生地を仮仕立てしたものに、青花《あおばな》（露草から採取した汁）できものの模様を描く。

裾の部分の下絵が完成したきもの。これをほどいて本格的に模様をつける。

きもの全体に模様をあしらった訪問着。

絵羽模様の柄付けは、基本的に振袖、留袖、訪問着などの格の高いフォーマルきものに用いられます。前から横、後ろにかけて、流れるように模様がつながっているので、見た目の印象も華やかで優雅です。

きものの種類やデザインによって、裾だけのもの、肩や袖にも模様があるもの、きもの全体に模様が描かれているものなど、さまざまな絵羽模様があります。

もっとも一般的な絵羽模様は、まず白生地を袖丈、身丈に裁ち、きものの形に仮仕立てをします（仮絵羽）。その仮に仕立てたきものに下絵を描いたら、ほどいて1枚の布に戻します。下絵に沿って友禅染や絞り染めなど、さまざまな技法で模様を施します。柄付けができたら、着る人の寸法に本仕立てをして完成です。

きものにつける紋

「紋」とは「紋章」のことですが、格の高いきものに、紋は欠かせない大切なもの。基本的な決まりごとを覚えておきましょう。

日本では昔から全ての家に家紋があります。平安時代、公家が衣服や調度品などに紋章をつけたのが家紋の始まりとされ、鎌倉時代になると、武士も紋を持つようになりました。戦国時代には、戦場で敵味方を見分けやすくするために、軍旗や武具に紋をつけました。こうした家紋が庶民に広まったのは江戸時代で、礼装のマークだけでなく、粋な江戸っ子たちはアートのような感覚で紋を用いたのです。今でも、植物や器物《きぶつ》、天文、動物などをモチーフにした多くの家紋が残っています。

和装の世界では、正装や準礼装には、紋をつけるのが決まりとなっています。紋の数や表現方法は、きものの格に合わせて決められますが、紋には技法によって、正式と略式があります。もともと円で囲まれていない家紋も、周りを円で囲むことで格が上がります。また、男性の紋服は、必ず円形にします。

染め抜きの陰紋。陰紋は紋の輪郭だけを染め抜いたもの。

丸に染め抜き日向紋は、もっとも正式なもの。

色糸繡いの陰紋《かげもん》。紋の輪郭だけを刺繡したもの。

丸なしの染め抜き日向紋。円形で囲むと格が上がる。

墨描きの陰紋。紋の輪郭だけを描いたもの。

金糸繡《ぬ》いの日向紋は略式。

五つ紋

背中心、両後ろ袖、両胸につけます。

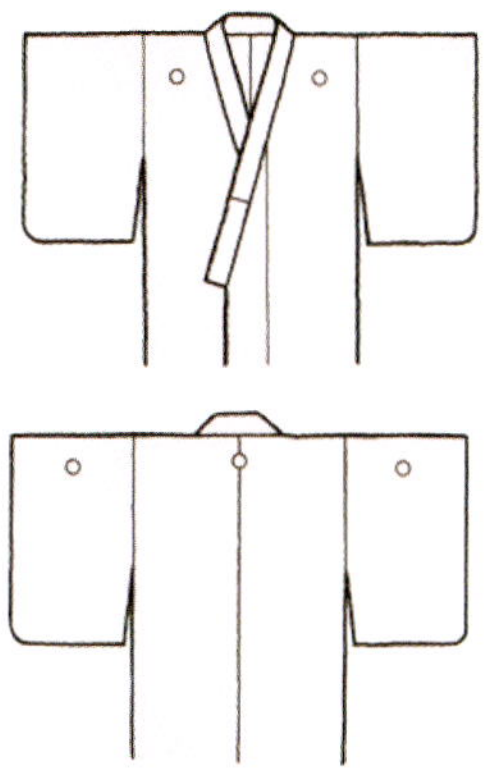

三つ紋

背中心、両後ろ袖につけます。

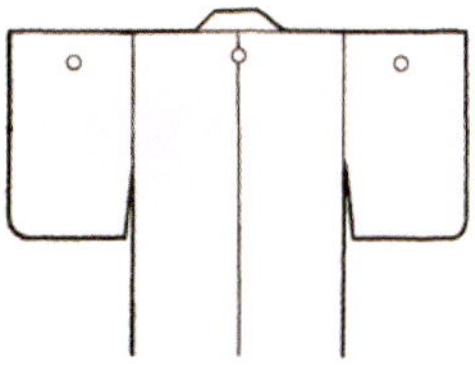

一つ紋

背中心につけます。

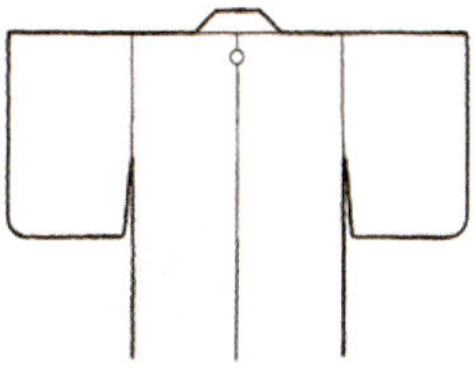

memo

洒落紋

家紋のほかに、遊び心を取り入れた洒落紋（飾り紋）もある。代表は刺繡や華やかな加賀友禅による「加賀紋」など。留袖などにはつけられないが、お洒落着として色無地や江戸小紋を楽しむときに最適。

藤の刺繡飾り紋。

飾り紋は背中心のほか、八掛（裾まわし）などにつけてもお洒落。

茶席で江戸小紋を着る場合は、染め抜き日向紋（一つ紋）を。染め抜きにできないものは、縫い紋をつける。

フォーマルきものに合わせる帯

留袖や訪問着などのフォーマルなきものには、格調の高い袋帯を合わせます。色無地や江戸小紋などの準礼装の場合は、着ていく場所や目的によっては、名古屋帯を合わせてもかまいません。

五つ紋付きの黒留袖や色留袖、色無地に合わせる帯は、金糸、銀糸を中心に、白糸や色糸を加えて織られた袋帯を用います。錦織や佐賀錦、綴織、唐織などがその代表です。紋はついていなくても、振袖にも同様の袋帯を合わせます。帯の文様は、正倉院文様や有職《ゆうそく》文様のほか、雅な平安朝のものもお洒落です。おめでたい席で着用するため、喜びを表現する伝統的な吉祥文様もおすすめです。

セミフォーマル（準礼装や略礼装）の席で、軽めの訪問着や付け下げ、三つ紋や一つ紋付きの色無地を着る場合は、袋帯のほかに織り名古屋帯も。ただし、袋帯と同じように、金糸、銀糸、箔などを使ったもの、格調の高い文様が織りだされたものを選びます。一つ紋付きの江戸小紋や無地感覚の小紋の場合も同様です。

金糸、銀糸、箔が使われているもの、格調の高い文様の袋帯

金地に格調のある鏡裏《きょうり》文様を織りだしたゴージャスな帯は、黒留袖や色留袖、重めの訪問着に。帯／きもの創り玉屋 銀座店

華やかな牡丹唐草《ぼたんからくさ》は、振袖から訪問着まで。

色彩を抑えた上品な宝相華《ほうそうげ》文は、色無地のほかモダンな柄付けの訪問着にも。帯／きもの創り玉屋 銀座店

白地に有職文様（浮線綾文《ふせんりょう》）を配した名古屋帯は、付け下げ、色無地、江戸小紋、小紋などに幅広く使えます。帯地／銀座もとじ 和織

金糸、銀糸入り、格調の高い文様の織り名古屋帯

正倉院文様（花喰鳥文《はなくいどり》）をアレンジした織り帯は、色無地や小紋に。

フォーマルきものの小物

きものや帯だけでなく、下に着る長襦袢や半衿、帯揚げや帯締め、バッグ、草履《ぞうり》などの小物も、きものの格に合わせるのが基本です。全てのきものに使えるものもあるので、最初に上質なものを揃えておくのがよいでしょう。

全ての袷のきものに使えるのは、塩瀬の白です

半衿（はんえり）

半衿にはさまざまな種類がありますが、大きく分けると白半衿と色半衿です。かつては白はよそゆき、色は普段着とされてきましたが、現代は白が基本となりました。袷の場合、目の詰まった塩瀬の白半衿があれば、フォーマルからカジュアルまで全てのきものに使用できます。

塩瀬の白半衿は、きものの格に関係なくオールマイティに使える。同じ白でも、単衣や薄物の季節には素材が変わるので注意。
＊単衣や薄物の半衿については92ページ参照。

綸子地の淡い色目が上品

伊達衿（だてえり）

きものを2枚重ねたように見せる別衿のことで、重ね衿ともいいます。きものを着るときに一緒に重ねて使います。衿もとを華やかに見せるために振袖や訪問着、付け下げに用いますが、織りのきものには使いません。

かつて上等のきものは2枚、3枚と重ねて着る習慣があり、伊達衿はその名残です。留袖の比翼と同じようなものと考えると、わかりやすいでしょう。

伊達衿は必要に応じて使うもので、マストではない。素材は羽二重、綸子、塩瀬、縮緬など。

長襦袢
（ながじゅばん）

長襦袢はきものの下に着る、下着のようなきものです。長襦袢を着ることで、きものの汚れを防ぎ、着くずれしないように着付けることができます。表からは見えませんが、袖口や振りから見えるので、きものに合わせて色柄を選ぶのが和装のお洒落の一つです。留袖や喪服には白、訪問着や色無地、付け下げにはピンク、クリーム色、ブルーなどの淡い色で、ぼかし入りや少し柄の入ったものなどが向きます。

礼装は白、準礼装は淡い色のぼかし染めなどを

白の長襦袢は礼装用。慶弔両用で地紋入りを選ぶときは、おめでたい柄は避けて。紗綾形《さやがた》（左）は両用可能、吉祥の意味を持つ七宝（下）は慶事に。長襦袢地（左）／銀座もとじ 和染　長襦袢地（下）／日本橋三越本店

優しい色の長襦袢は、訪問着や色無地、付け下げに。長襦袢地／2点とも銀座もとじ 和染

白のほか、淡い色目の無地ならしっくりなじみます

帯揚げ（おびあげ）

帯揚げは帯枕を包んで美しく整えるための小物です。きものと帯の間に入れ込んで仕上げます。礼装の留袖には白い帯揚げが決まりです。色留袖も同格ですが、比翼をつけない場合は、淡い色目や刺繍入りなどでも。若いお嬢さんの振袖の場合は、華やかなきものに負けないように、総絞りの帯揚げでボリュームを出します。

変わり織りの無地の帯揚げ。ごく淡いクリーム色やピンク、ブルーなどは、訪問着や付け下げ、色無地に最適。

金糸、銀糸入り、淡い色目のシンプルなもの

帯締め（おびじめ）

帯締めは帯の形を作ったあと、その形がくずれないように押さえるもの。見た目の美しさだけでなく、機能性も大切です。帯締めは組紐《くみひも》の技法によって作られます。組紐は中国・朝鮮半島から伝わったものですが、今ではすっかり日本独自のものになりました。女性が帯締めとして用いるようになったのは明治末期といわれ、それまでは布に綿を入れてくけた「丸ぐけ」というものが使われていました。

糸と糸を組み合わせて作る帯締めは、糸の組み方によってさまざまな種類があります。平らに組まれたものを「平組《ひらぐみ》（平打ち）」といい、高《こう》麗《らい》組や綾竹《あやたけ》組、笹波《ささなみ》組など、丸く組まれたものを「丸組《まるぐみ》」といい、四つ組、八つ組などがあります。

礼装用の帯締めはどちらでもかまいませんが、白を基本にして、金糸、銀糸入り、淡い色のものを選びます。

留袖は白が決まりだが、それ以外の礼装用は、淡い色目でもよい。

足袋（たび）

礼装用、普段用ともに、白足袋を用いるのが一般的です。素材はテトロンやナイロンなどの化繊のものもありますが、おすすめは木綿です。木綿の中でも目の詰まったキャラコと呼ばれる素材が最上です。ほかにエジプト綿や海島綿《かいとうめん》などの高級木綿も使われています。木綿は吸湿性に優れ、何度洗濯しても型くずれしにくく、手軽に洗えるのも便利です。

木綿の白足袋は、一年中使えます

足袋の留め金具、こはぜは、４枚のものと５枚のものがあり、４枚が一般的。

四角い衿の道行コートは、オールマイティに活躍

コート

防寒用のはおり物には、羽織とコートがあります。羽織は色無地に紋をつけた略礼装がありますが、現代はあまり見かけなくなりました。留袖や訪問着の上に用いる防寒着は、道《みち》行《ゆき》コートが一般的です。素材は繻子《しゅす》地や綸子、唐織、紋意匠縮緬などで、無地染めで生地の風合いを生かしたものがよいでしょう。

四角形の道行衿をアレンジして、少しV字形に仕立てた森田流の道行コート。お洒落な雰囲気で、着姿もすっきり見える。

バッグは小ぶりのもの、草履は革製や白系を

バッグ・草履
（ばっぐ・ぞうり）

きものと帯が合っていても、バッグや草履の格が合っていないと、どこかちぐはぐに見えてしまいます。決まりごとのある礼装やお茶席、格式のあるパーティなどには、小物も慎重に選びましょう。

バッグは格が合えば、和装用でも洋装用でも使えますが、きものには小ぶりのものが似合います。

礼装のきものには、バッグ、草履ともに綴織、錦織、佐賀錦などの裂《きれ》地《じ》のものが正式ですが、現代はあまりこだわらずにきものに調和するものならかまいません。ただし、爬虫《はちゅう》類《るい》や革は、きものの雰囲気に合わないので避けましょう。

お揃いの裂地のバッグと草履は、礼装の定番。上質なものを持っていると安心。クラッチバッグと草履／日本橋三越本店

洋装のパーティ用バッグは、華やかな訪問着などに最適。

白い台に吉祥文様を織りだした布製の鼻緒。赤い前つぼが愛らしい。草履／京・はきもの匠 ない藤

布製の洋装用のクラッチバッグ。コンパクトなので和装にも合う。

絹子、喪服に挑戦!

葬儀にはおばあさまのたんすに入っていた喪服を着よう
絹子ちゃん
ありがとうっ
ふむふむ…そっか！格調高く着付ければいいのね
喪服
五つ紋付きの黒喪服は留袖と同様に格が高いきもの…
自分で着付けもできたし
おばあさま喜んでくれるかな？
絹子ちゃん何だか色っぽいきもの着てるね～
えっ？何で？どこが色っぽいの?!真っ黒なのに～っ汗
衣紋は抜きすぎない
裾は短くきりっと！
衿合わせも詰め気味に
帯位置も高すぎずお太鼓も小ぶりに
…て言われて何だかもうっ汗って感じです
絹子さんお葬式にそんな着方はダメ！
NG!
洋装でも喪服にビーズやスパンコールなど華やかなものはNGでしょ？それと同じことですよ。髪もボリュームを出しすぎずメイクもナチュラルに！

第3章

カジュアルきもの

観劇や食事会、趣味の集い、
お稽古などの街着は、
決まりごとにとらわれず、自分の感性で
選んだものをお洒落に着ましょう。
これぞ、きものの醍醐味です。

小紋や
紬のこと
ですよね？

自分のセンスで
着られる きもの。
いちばん楽しめますよ。

カジュアルきもの ①

江戸小紋（えどこもん）

すっきりとした格子風の柄は、洋服感覚で楽しんで

趣味の集まりに

シンプルな二崩《にくず》しの柄に藍の型染め帯を合わせた通好みのコーディネート。格子に花柄を合わせることで柔らかさが生まれます。きもの、帯／ともに竺仙

大小霰《あられ》の柄は帯合わせで印象が変わります

和の観劇に

江戸小紋の定番柄の一つ、大小霰は、雪が舞っているかのよう。桜の染め帯を合わせると、春を待ちわびる新春の装いになります。きもの地／竺仙

江戸時代、武士の裃《かみしも》から発展した江戸小紋は、遠目からはまるで無地のように見える細かい柄に特徴があります。この粋で魅力的な染めに憧れたのは、江戸の町人たちです。武士と同じ柄は染められないので、暮らしの中の身近なモチーフからとったさまざまな柄を作って染めました。

その柄は、「宝尽くし」「親亀子亀」「初夢」などの楽しい柄が中心です。中には、厄落《やくお》としの意味があるとい

カジュアルに着たい江戸小紋の柄

親亀子亀

大小の亀をびっしりと配したユニークな柄。点々で模様を表現する錐《きり》彫りの技法によるもの。

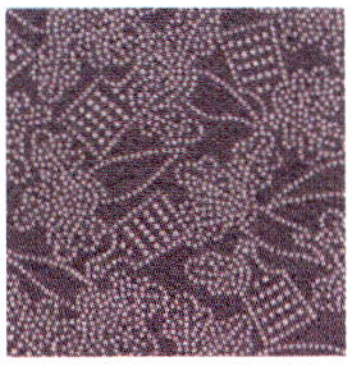

大根におろし金

「大根役者を役から落とす」→「役を落とす」→「厄落とし」のいわれがあるとされる、大根とおろし金の柄。

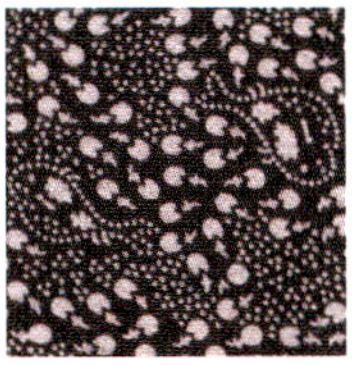

河豚《ふく》と茄子《なす》

禍《わざわい》を転じて福（河豚）と成す（茄子）に引っ掛けた、いわれ小紋の一つ。

初夢

「一富士二鷹三茄子《いちふじにたかさんなすび》」の「富士」を「藤」に置き換えて表現されている。

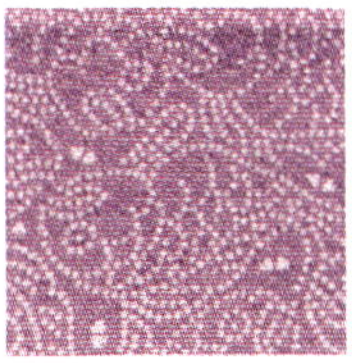

桜鯛

桜の花弁とその時季の鯛を組み合わせた、季節感あふれる柄。おめでたい席にも。

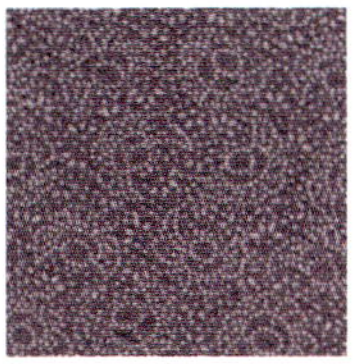

ふくら雀《すずめ》

雀が全身の羽根を膨らませた状態の、ふっくらとしたユーモラスな姿を文様化したもの。

大柄の江戸小紋は無地感覚の帯できりっとさせて

洋の観劇に

オレンジ系の華やかな地色に松皮菱《まつかわびし》と草花を染めたデザイン。無地風の織り帯を合わせると引き締まります。コンサートやバレエ、オペラなど洋の観劇におすすめ。きもの地／竺仙

粋な縞《しま》小紋はシックなコーディネートで

食事会に

縞柄は筋《すじ》と表現し、縞の幅によってさまざまな柄があります。こちらは織りの唐桟縞《とうざんじま》を染めで表現したもの。江戸っ子風に装うなら、渋めの帯合わせで。きもの地、帯地／ともに竺仙

う「大根におろし金《がね》」、無病息災をかけた「六瓢箪《むびょうたん》」といったものも。これらはそのいわれを聞くと、なるほどと納得してしまうため、「いわれ小紋」と呼ばれます。江戸っ子のユーモアがたっぷり表現された柄は、きものの表地というより羽織の裏に用いるなど、さりげないお洒落を楽しんでいたようです。

こうした遊び心のある柄には紋はつけず、カジュアルな街着として装います。どの柄が準礼装で、どの柄が街着に向くかは難しいところですが、「江戸小紋三役」のように細かい柄は準礼装向きと覚えておくのがよいでしょう。

＊準礼装の江戸小紋については40ページ参照。

カジュアルきもの②

小紋（こもん）

小紋は柄のつけ方によって、着用範囲が広がるきものです。42～43ページで紹介した全体に無地場が多く柄の少ない飛び柄小紋や吉祥文様があしらわれた小紋、柄に金銀が入っている小紋は、軽めの袋帯や織り名古屋帯を合わせると、略礼装としても着用できます。

ここで紹介する小紋は、プリント柄のワンピースのように、全体に柄のあるデザイン。これらは、街着用のお洒落小紋です。柄付けがすっきりとしたきものには、甘すぎない花柄の帯を合わせて柔らかさを添えるなど、自分らしい装いを楽しむのが素敵です。帯は織り名古屋帯や染め名古屋帯を合わせましょう。

洋服感覚で楽しめる 千鳥《ちどり》格子《ごうし》に花柄の帯

ギャラリーに

ブラウスやワンピースにありそうな千鳥格子の小紋柄。ブルーと茶の唐花《からはな》文様の紙布《しふ》織りの帯でメリハリをつけました。きもの地、帯／ともになか志まや

スーツのような 細かい格子柄に花柄の帯

食事会に

ニュアンスのある乱れ格子柄は、シックな茶系の真綿入り。秋冬に着るなら、濃い地色の帯が落ち着きます。きもの地、帯／ともになか志まや

すっきり爽やかな格子柄に白地の帯

パーティに

シャツのようなブルーの格子風の小紋。金糸入りのモダンな織り名古屋帯を合わせると、ちょっとしたよそゆきに。きもの地、帯地／ともにきもの創り玉屋 銀座店

主張しすぎない小さな花模様にシックな帯

お稽古に

控えめな花柄小紋に、織部《おりべ》柄のシックな帯の組み合わせ。お茶のお稽古のほか、大寄せのお茶会にも。きもの地、帯／ともにきもの創り玉屋 銀座店

カジュアルきもの ③

御召（おめし）

御召は織りのきものですが、小紋のような柔らかさと紬《つむぎ》のような張りをあわせ持った独特の素材です。戦後までは準礼装のきものとして、また究極のお洒落着として流行しました。今も無地の御召は、男性のきものでは準礼装に用いられています。

女性用の御召はきもの通に好まれ、染めと織りの中間のようなきものとして親しまれています。

徳川11代将軍家斉《いえなり》が好んでお召しになったことから、御召の名前がついたとされています。御召とは御召縮緬《ちりめん》の略称で、もとは柳条《りゅうじょう》縮緬と呼ばれていました。縮緬と名前がついているくらいなので、生地には細かいしぼがあります。

小紋や紬と同じように、観劇や食事会、ギャラリー巡り、習い事などに着ていけます。無地感覚のデザインを選び、織り帯を合わせると、きりっとしたモダンな装いになります。

細かい格子柄に横縞の吉野《よしの》織り

食事会に

グリーンの格子柄の風通《ふうつう》御召は、洋服感覚で着られる一枚。風通御召とは、裏表の色が異なる奥行きのある織物。帯はベージュ地にさまざまなライン模様を織りだした草木染めの名古屋帯。帯揚げと帯締めの色で変化を楽しみましょう。きもの地、帯地／ともになか志まや

石畳《いしだたみ》文の西陣御召に同系色の網代《あじろ》織り

ギャラリーに

グレー系の同系色でまとめたシックなコーディネートは、洋装の人が多いところでもしっくりなじみます。モダンなギャラリーやコンサート会場などに最適。きもの地、帯地／ともになか志まや

無地御召に大胆な花柄帯でアクセントを

趣味の集まりに

小窓格子柄の地紋が織りだされたネイビーの無地御召は、帯合わせによってさまざまな装いが楽しめます。西洋風の花を織りだした名古屋帯を合わせると、華やぎが生まれます。大寄せのお茶会にも。きもの地、帯地／ともになか志まや

紬（つむぎ）

織りの代表、紬は、今も全国の産地で作られています。茨城県の結城《ゆうき》紬や鹿児島県の大島《おおしま》紬が有名ですが、山形県や新潟県、長野県などでも、個性豊かな上質の紬を生産しています。

紬に使われる糸は、自然の植物からとった染料を用いた草木染めのほか、化学染料で染めたものも使われます。柄は縞や格子、絣《かすり》を中心に、最近は帯合わせのしやすい1色染めの色無地も人気です。

紬はカジュアルきものの代表でもあるので、季節に合わせて帯や小物を変えて、自分らしいお洒落を演出しましょう。

優しい色の結城紬に草木染めの八寸帯

春の食事会に

サーモンピンク色の無地紬は、どんな帯にもなじむので、1枚目の紬としておすすめです。春に着るなら、紅花《べにばな》染めの紬帯を合わせて明るい印象に。きもの地、帯／ともに銀座もとじ 和織

モダンな大島紬に染め帯で柔らかさを

秋の食事会に

黒と茶の市松模様がシックな泥染《どろぞ》めの大島紬。紅葉をイメージする染め帯を合わせると、秋らしいコーディネートに。合わせる帯によって季節ごとの装いが楽しめます。きもの地、帯地／ともに銀座もとじ 大島紬

カジュアルきもの

5

木綿（もめん）

肌に添う風合いと素朴な柄で人気の木綿のきもの。一般的には単衣《ひとえ》仕立てにして、真夏以外は着用できます。手括《てくく》りによる緻密な絣《かすり》柄が施されたものは、絹より高価なものもあり、きもの通に愛される逸品です。織りや染めの名古屋帯や八寸帯を合わせ、お洒落な街着として装いましょう。

最高級の久《く》留《る》米《め》絣に紬の帯

趣味の集まりに

上質な木綿糸を手括りして本藍で染め、手織りによって表現されたモダンな木綿のきもの。帯は草木染めの紬糸を用いた手織りの八寸帯。本物同士の究極の普段着コーディネートです。きもの地、帯／ともに銀座もとじ 和織

格子柄の上田紬に若々しい染め帯

習い事に

長野県上田市を中心に作られている上《うえ》田《だ》紬は、草木染めの糸による縞と格子柄が特徴。柔らかさを出したいときは染め帯を合わせ、きりっと見せたいときは織り帯で変化をつけましょう。きもの地、帯地／ともに銀座もとじ 和織

memo

後染《あとぞ》めの紬

糸を染めてから布に織ることを先染《さきぞ》めといい、布に織ってから染めることを後染めという。紬は基本的に先染めの織物だが、紬の風合いを好む人が多く、後染めの紬も作られている。色無地のほか訪問着や付け下げに染められたものもあるが、フォーマルの席では不向き。あくまでも趣味のきものとして楽しみたい。

カジュアルきもの ⑥

織りのきもの

ざっくりとした風合いの紬のほか、絹糸を用いた光沢のある織りのきものもあります。こちらは紬とは呼ばず（大島紬は例外）、織りのきものとされます。織りのきものは織りの組織によって、生地に奥行きが生まれ、独特の風合いがあります。とくに無地のきものは、帯合わせで変化をつけやすく、生地の質感を生かしてドレスアップも可能。染めのきものとはまた違った装いが楽しめます。

ここでは、綾織《あやおり》と花織《はなおり》（どちらも八《はち》丈織《じょうおり》）の無地を用いた、それぞれ2タイプのコーディネートを紹介します。同じきものでも、帯によってイメージがこんなに変わります。

一枚のきものを帯でイメージチェンジ

軽 ― 染め名古屋帯で趣味の会に

同じきものでも、蒔《ま》き糊《のり》の技法を用いた個性的な染め名古屋帯を合わせると、ぐっと趣味性が強くなります。上質なきものに帯を主役にした、お洒落着ならではのコーディネートです。帯地／銀座もとじ 和染

重 ― 織りの袋帯でオペラ鑑賞に

綾織の生地は、約2.5㎜の小さな市松模様。身にまとうと動きにつれて、美しい立体感が現れます。控えめな袋帯を合わせてドレスアップすると、オペラやバレエ鑑賞にも。きもの地、帯／ともに銀座もとじ 和織

軽 織りの名古屋帯で観劇に

シックな織り名古屋帯を合わせると、きりっとした印象になります。帯によって印象が変わるのも、無地ならではの楽しさです。。帯地／銀座もとじ 和織

重 正倉院文様の袋帯でパーティに

生地全体に刺繍のような立体感で模様を表現した花織のきもの地は、染めのきもののような柔らかさが漂います。華やかな席で着るなら、格調のある袋帯でドレスアップを。きもの地、帯／ともに銀座もとじ 和織

カジュアルきもの 7

普段着浴衣（ふだんぎゆかた）

淡いブルー地に濃いブルーの帯でメリハリをつけて

生地は木綿の変わり織りで、全体にうっすらと撫子《なでしこ》柄が染められています。その上にシックなブルーで撫子を飛ばした奥行きのある柄付け。リバーシブルのぼかしの半幅帯ですっきりと。ピンクを少し出すとアクセントに。浴衣、帯／ともに竺仙

浴衣のルーツは、平安時代に貴人が入浴の際に着用した湯帷子《ゆかたびら》です。それが江戸時代になると、木綿の浴衣が庶民の湯上がりのきものとして大流行。やがて、夏のくつろぎ着になりました。現代は夏の遊び着や街着として、若い世代のファッションアイテムの一つです。

こうした浴衣にも、さまざまな素材があります。着て行く場所によって着方や素材を選び、浴衣のお洒落を楽しみましょう。お祭りや花火大会に行くときは、Tシャツやジーンズのような感覚の気軽な浴衣スタイルがオススメ。肌着の上に直接浴衣を着て半幅帯を結び、素足に下駄をはきます。地色は白地、藍地のほか、色浴衣も豊富ですが、色数は少ないほうが帯を合わせたとき、すっきり涼しげに仕上がります。

菊模様の綿絽《めんろ》に博多織の半幅帯できりっと

全体に万寿菊をぎっしりと染めていますが、白地なので涼しげな印象。大胆なターコイズブルーの半幅帯で引き締めます。浴衣地、帯／ともに日本橋三越本店

藍色の縮《ちぢみ》素材に紗《しゃ》の半幅帯で大人っぽく

蝶柄の藍地の浴衣は、高級感のある縮。名古屋帯でも合いますが、半幅帯を合わせるならシンプルで上質なものを。色数を抑えて、大人の浴衣スタイルを演出してみました。浴衣、帯／ともに竺仙

鮮やかなレモンイエローにロートン織の半幅帯

レモンの輪切りを染めた夏の太陽にも負けない綿絽の浴衣は、若々しさいっぱい。グリーン系のロートン織の半幅帯は、裏表に花織が織りだされています。浴衣、帯／ともに竺仙

紺地の綿コーマに爽やか帯でお祭りに

浴衣の素材は、綿コーマと呼ばれる平織りの生地。丈夫なコーマ糸で織られるためこの名があります。同系色の紗織りの半幅帯を合わせると、夏のお洒落な遊び着に。浴衣地、帯／ともに日本橋三越本店

よそゆき浴衣（よそゆきゆかた）

絹《きぬ》紅梅《こうばい》と
博多《はかた》帯の組み合わせは、
観劇にも
着ていけます

波にカモメを染めた藍地の絹紅梅。紅梅とは格子柄（木綿）に織りだした生地のことで、格子柄以外の部分を絹で織ったものが絹紅梅です。粋な博多献上の帯を合わせて、夏の歌舞伎座に（草履をはいて）。浴衣、帯／ともに竺仙

浴衣は生地の素材によって、カジュアルな夏きものとして楽しむこともできます。素材は、綿絽、綿麻、麻、縮、絞り、綿紅梅《めんこうばい》、絹紅梅、奥州紬などがよいでしょう。

　これらの浴衣を夏のきものとして着る場合は、必ず夏素材の半衿をつけた長襦袢を着用し、白足袋をはきます。半衿の素材は麻または絽で、色は白が涼しげです。合わせる帯は袋名古屋帯（八寸帯）の博多織、紗献上（夏用の博多織）、麻などの自然布、木綿などがなじみます。

　夏のきものといっても、浴衣なので着ていく場所は限られます。夏祭りや花火大会のほか、気軽なレストランや野外コンサート、ギャラリー、趣味の習い事などにおすすめです。洋服でいえば、スーツを着ていくような改まった席には、控えるのがマナーです。

ざっくりとした紬風の浴衣に、同系色の科布《しなぬの》の帯

紬の風合いに織りだした綿紬に、藍で伝統柄を染めた奥州《おうしゅう》小紋の浴衣。どんな帯でも合いますが、植物繊維の帯を合わせると、シックなよそゆきの装いに。浴衣、帯／ともに竺仙

上質な綿紅梅に紗献上《しゃけんじょう》の帯で正統派のお洒落

木綿の紅梅織りは、絹紅梅よりカジュアルに着られる浴衣です。花柄に大きな蝶を組み合わせた華やかな柄に、ドットの帯で愛らしさをプラス。帯を変えれば、幅広い年代で楽しめます。浴衣、帯／ともに竺仙

立体感のある絞りの浴衣に木綿の八寸帯

独特のしぼが特徴の絞り染めは、体型カバーにも役立つ大人のための浴衣。気軽に使える八寸帯でさりげないお洒落を。浴衣地、帯／ともに日本橋三越本店

乱菊が華やかな綿絽に紗の帯で涼感たっぷり

白地に藍色の濃淡で乱菊を大胆に染めた華やぎのあるデザイン。八寸帯を合わせれば、友人とのランチなどに着ていけます。浴衣地、帯／ともに日本橋三越本店

カジュアルきものに合わせる帯

小紋や紬などのカジュアルなきものには、洒落袋帯や名古屋帯、袋名古屋帯を合わせます。色柄は好みですが、部分的に金糸、銀糸、箔が施されている場合は、できるだけ控えめなものを選びましょう。

小紋や紬などの街着こそ、自分のセンスを発揮して自由にお洒落が楽しめるきものです。袋帯を用いる場合は、洒落袋帯《しゃれふくろおび》を選びます。形態は通常の袋帯と同じですが、柄付けは大きく異なります。礼装用の重厚な柄ではなく、すっきりとした趣のある柄が特徴。金銀をあまり使わず、個性的でモダンな柄も多く見られます。

もっとも出番が多いのは名古屋帯で、染め帯と織り帯があります。染めは塩瀬や縮緬、紬地などに柄をつけたもの、織りは地風《じふう》、柄ともに多種多様です。ほかに袋名古屋帯（八寸帯）もカジュアルなきものに似合います。綴織《つづれおり》、紬織、博多織など地厚の織り帯なので、芯を入れずに仕立てます。素材によって単帯《ひとえおび》や夏帯としても活躍します。

袋帯

インドネシアのバティックをモチーフにした扇花文の洒落袋帯は、帯を主役に装うのがお洒落。無地感覚の小紋や織りのきものに合わせると、気軽なパーティなどの華やかな席にも着ていけます。帯／なか志まや

金糸、銀糸が控えめな洒落袋帯は、個性で勝負

小紋や織りのきものには、まず名古屋帯を

染め名古屋帯

オフホワイトの塩瀬地に唐草文様を手描きした、モダンな染め名古屋帯。江戸小紋や小紋、織りのきものに幅広く締められます。帯地／なか志まや

袋名古屋帯

松煙《しょうえん》染めの糸を格子に織りだしたカジュアルな紬織の八寸帯。御召や紬、木綿などの織りのきものに最適。帯地／なか志まや

袋帯と名古屋帯のよいところを組み合わせた八寸帯

織り名古屋帯

オスマン帝国の装飾をモチーフにしたという花模様を連続して組み合わせた、個性的な織り名古屋帯。落ち着いた色目なので、どんなきものにも合わせやすく年代を選びません。帯地／なか志まや

カジュアルきものの小物

フォーマルきものに比べて、カジュアルきものの小物は、色や柄に決まりごとがないため、少しくだけた印象になります。その分、お洒落心も加わるので、小物合わせが楽しくなります。

半衿《はんえり》

基本は白で、フォーマルきものと同じものを用います。ただし、織りのきものを着るときは、きものの地色に合わせて、色衿と感じない程度のごく淡いベージュやブルー、紫、グレーなどを合わせてもよいでしょう。とくに年代を重ねるほど、少し色がついたもののほうが、肌うつりがよい場合もあります。

きものの色に合わせて、淡い色衿もお洒落

足袋《たび》

カジュアルきものの場合も、足袋は白の木綿を用い、フォーマルきものと同じものでかまいません。こはぜは4枚と5枚が主流なので好みで選びます。一般的なものは4枚ですが、5枚こはぜのものは、足首を引き締める効果もあります。

白い木綿素材が基本です

長襦袢
（ながじゅばん）

きものを着てしまうと、長襦袢は袖口と振りからほんの少し見えるだけ。とはいえ、カジュアルきもの用の長襦袢は、思わずほしくなるお洒落な色柄が豊富に揃っています。きものの素材や色柄に合わせて長襦袢を選ぶ楽しさは、まさにきものならではのものといえるでしょう。

小紋などの柔らかいきものには、はんなりとした優しい色柄、ざっくりとした風合いの織りのきものには、ちょっと大胆な色柄を選んでメリハリをつけるなど、自分らしいお洒落が楽しめます。

お洒落な色柄を好みで選びます

1

2

3

4

カジュアルきものに似合う長襦袢。1うず巻き模様が楽しい。2すっきりとした絞り染め。3裏地にも柄が入っているので、単衣のきものにも。4茶色地に縞と花模様の個性派は紬に。長襦袢地／すべてきもの おがわ屋

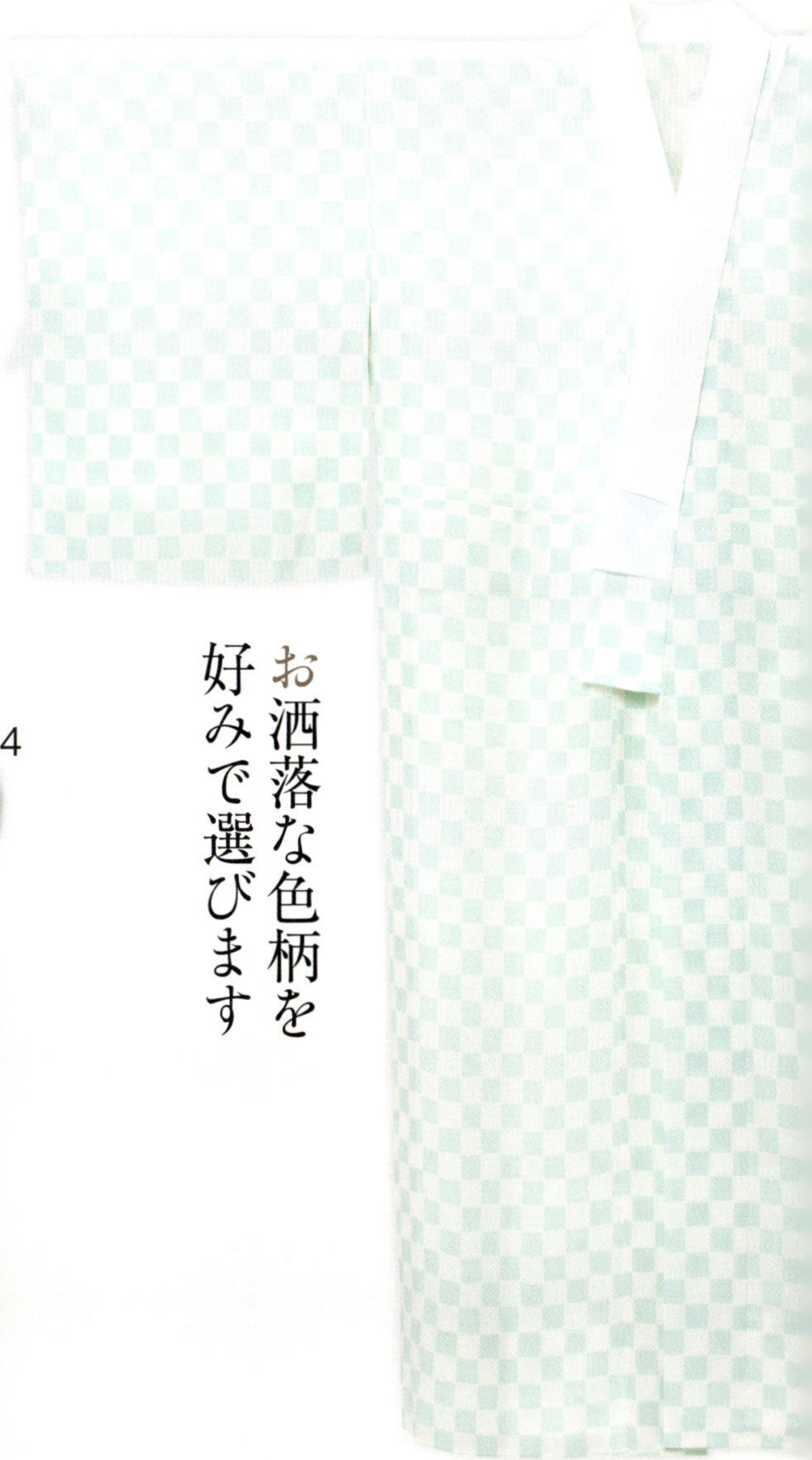

ペパーミントグリーンの市松模様の長襦袢は、小紋や紬に合わせたい。

帯締め
（おびじめ）

礼装用では白や淡い上品な色が中心の帯締めですが、カジュアルきものではがらりとイメージが変わります。小紋や紬には柔らかい色だけでなく、ときには濃い色の帯締めを合わせることで全体が引き締まることもあります。

どんな色でもかまいませんが、基本的に礼装よりは細めのタイプが向いています。きものや帯が無地感覚の場合は、少し柄の入った帯締めをすると、装いのポイントになります。

お洒落着に合う細めの帯締め。柄入りの場合は２色までにおさめたい。

変わり織りや縮緬の無地の帯揚げ。自分のきものの色に合わせて数色用意しておくと便利。

帯留め
（おびどめ）

帯締めを彩る細工物を帯留めといい、帯のアクセサリーの一つです。フォーマルには宝石類が一般的ですが、カジュアルきものには陶器、木彫り、ガラスなどを用いた趣味性の強いデザインも。洋装のブローチを帯留めとして使ってもかまいません。帯留めには通常の帯締めよりも細い、二分紐《ぶひも》や三分紐を用います。

個性的な帯留め。１ケシパールに蒔絵《まきえ》で波に千鳥を表現。２おうむ貝に蒔絵で植物（柳）を描いたもの。３トルコ石のシンプルな四角形。帯留め／すべて銀座もとじ 和織

帯揚げ
（おびあげ）

小紋や紬のお洒落着は、小物の色1色で雰囲気が変わることもあるので、どんなイメージにしたいかを考えてみるのがよいでしょう。優しい感じに見せたいなら、きものの中の一番淡い色、またはきものと同系色を。きりっと装いたいなら、きものと同系色を。渋みのある色や濃いめの色を合わせてみるとモダンな仕上がりになります。

柄入りの帯揚げも豊富ですが、わずかしか見えない帯揚げは、柄よりも無地っぽいものを選び、アクセントとして色を効かせるのがおすすめです。

羽織
（はおり）

羽織は、きものに合わせて色柄や素材を選びます。無地や小紋柄、刺繍などさまざまですが、風情のあるシルエットが出るように、柔らかいものがおすすめです。羽織にはすべりがいいように裏地をつけて仕立てますが、これを羽裏《はうら》（羽織裏）と呼び、裏地を選ぶ楽しさもあります。また、羽織はコートと違って室内でも着用できます。

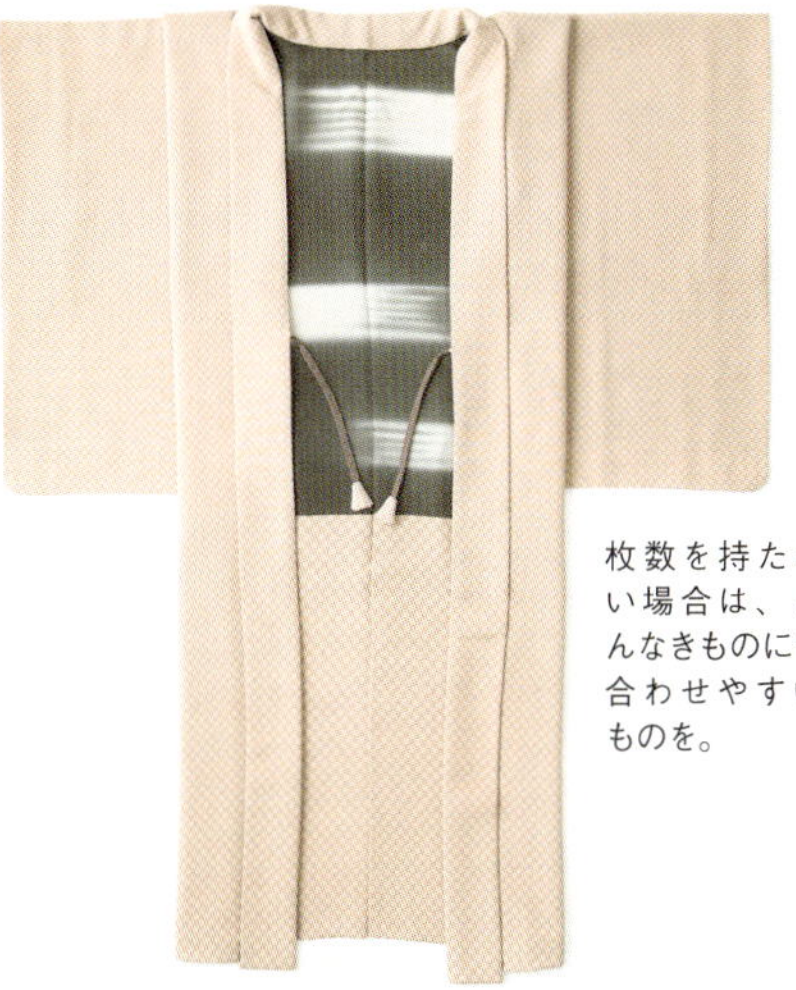

枚数を持たない場合は、どんなきものにも合わせやすいものを。

深いVラインの道中着は、着姿をシャープに見せてくれる。着脱のときにしか見えないが、裏地選びも楽しい。

コート

寒い日のお出かけには、コートが必要です。着脱が楽なデザインで、軽い素材のものがおすすめ。カジュアルきものには、綸子《りんず》、縮緬、紬、ウール、カシミヤなどの素材で、無地感覚のものが合います。コートを着たときに目立つのは衿のデザインです。道行《みちゆき》衿でもかまいませんが、着たときにすっきり見える道中着《どうちゅうぎ》は幅広く対応できます。

グレイッシュな洋装バッグは、シックな紬にも。

洋装用の小ぶりな革製は、手首にもかけられる。

革とキャンバス地を組み合わせた洋装用。

紺地の台に細かい格子柄の鼻緒の草履。赤いラインのアクセントが効いている。草履／京・はきもの匠 ない藤

台と同系色の更紗模様の鼻緒がお洒落。草履／京・はきもの匠 ない藤

バッグ・草履
（ばっぐ・ぞうり）

カジュアルな装いに合わせるバッグと草履は、きものに合っていれば素材や色柄は自由です。布製、革製、爬虫類《はちゅうるい》などもＯＫ。基本的にバッグは小さめのものが、和装には合います。草履は台と鼻緒を揃える必要はなく、きものとの色の調和を考えながら選びましょう。かかとの高さは３～４センチを目安にします。

着姿をすらっと長く見せたいときは、全体を同じ色調＝ワントーンでまとめることです。逆にいえば、背が高くほっそりしている人はより背の高さが強調されてしまうので、きものと帯の色の濃淡に少しコントラストをつけるなどの工夫が必要です。帯揚げや帯締めは、きものや帯の色から選んでコーディネートしましょう。

コーディネートレッスン❶

〝森田流色マジック〟ですっきり見せる！

全体を同じ色調でまとめる

淡いグレーのきものと帯を濃いグレーの帯締めで引き締めて

森田流の装いの定番カラーの一つがグレーです。きものと帯をグレーにすると膨張して見えがちですが、帯締めに濃い色を使うことで、きりっとした印象に。

きものと帯の濃淡ですっきり!

きものが濃い×帯が濃い

きものも帯も濃紺のような濃い色でまとめると、全体がしまって見えます。着痩せ効果絶大なので、ふっくらさんにおすすめ。帯揚げと帯締めは、ほかの色をプラスします。

きものが濃い×帯が淡い

きものは濃い色で、帯はきものの同系色の淡い色にします。淡い色の帯は、濃い色のきものを和らげる効果があるので、ほっそりしている人におすすめ。

きものが中間色×帯が中間色

ベージュ系の中間色は、まろやかなトーンでどんな体型の人にもなじむワントーンコーディネートです。帯の柄付けや小物で少しアクセントをつけましょう。

きものが淡い×帯が濃い

きものが淡く帯が濃いと、全体が二分されるので太めに見えそうで心配です。そんなときは、帯ときものの柄の色のトーンを揃えると、すっきり細く見えます。

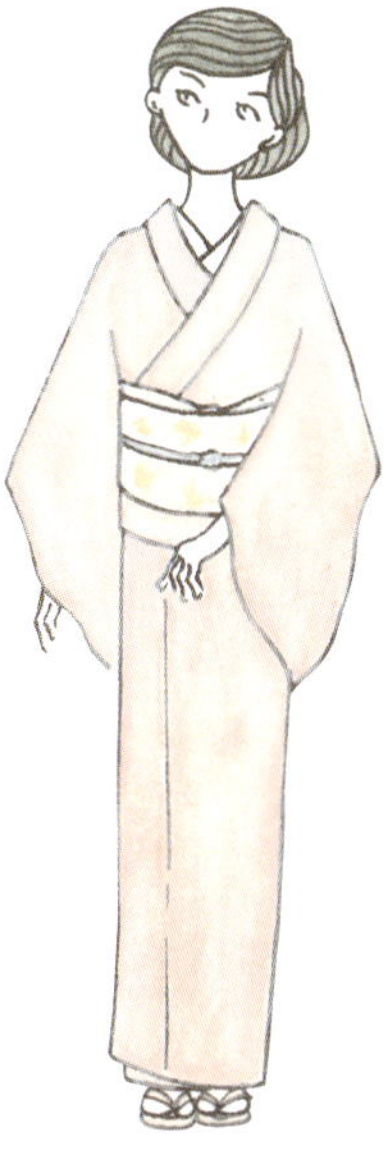

きものが淡い×帯が淡い

きものと帯を柔らかな淡い色でまとめると、ふっくらとした優しい印象に仕上がります。華奢《きゃしゃ》な人に向くワントーンコーディネートです。

全体が淡いコーディネートでも、帯揚げと帯締めを濃い色にすると、ほっそりさん以外の人でも大丈夫。その場合は、帯揚げと帯締めを同色にせず、ポイントを2つにするとお洒落です。

コーディネートレッスン❷

柄と素材ですっきり見せる！

柄

体型カバーを考える上で欠かせないのが、きものの柄選びです。好きな柄でも、合わせてみたら似合わなかったという経験は誰にでもあるのでは？ 好きな柄より似合う柄をいくつか知っておくと、結果的に装いの効果がアップします。

柄ですっきり見せる組み合わせ

背が高い人

体の中央部に柄があるものや、異なる色を配したデザインは、背の高さを和らげてくれます。胸もとから腰まわりにポイントがある柄や色を選びましょう。

小柄な人

インパクトのある大胆な大柄は、模様ばかりが目立ってしまいます。全体的に小さな模様を散らした小紋などは、まさに小柄な人向きの柄付けです。

ふっくらした人

柄があると体の大きさが強調されそうですが、濃い地に濃い色の細かい格子など無地感覚のものは、意外にも締まって見えます。細かい柄のときは、濃い地のものを選ぶのが正解。

かなりふっくらした人

縦長効果を狙うなら、上半身から裾にかけて濃くなっていくグラデーションの色づかいがおすすめ。柄が入っていても、控えめな柄ならOKです。

大柄な人

背も高くがっちりした体型の人には、大きめの柄を大胆な配置であしらったデザインがよく似合います。体型を生かして、堂々と着こなすと素敵です。

かなりほっそりした人

身幅を感じさせる横縞は、細い人ほど着こなせる柄。幅が太めの横縞で、全体に柄がついているものがおすすめです。色も明るいものを選びましょう。

素材

きものの素材によっても、ほっそり効果は期待できます。大きく分けると、「柔らかい」「かたい」という、染めと織りの2タイプがあります。ここでは織りのきものの中で「柔らかい」「かたい」を比べてみました。

ふっくらさんは柔らかいもの

緻密な八丈織のきものは、しなやかで奥行きを感じさせる。

体のラインに沿ってきれいに落ちる、とろみのある素材で濃い地色のものは、ふっくらした人を細く見せてくれます。ただし、光沢の強すぎるものは膨張してしまうので避けましょう。おすすめは結城紬や大島紬、八丈織りなどです。

しなやかな風合いの結城紬。

ほっそりさんはかたいもの

かたい素材は広がって見えますが、素材の魅力を生かした着こなしを。

夏のきものは、織りの場合、芭蕉布《ばしょうふ》や上布《じょうふ》など肌から浮く張りのある素材が主流です。そういう素材はどうしても少し体が膨張して見えるので、ほっそりした人に向きます。ふっくらさんが着るときは、色柄で工夫を。

駒《こま》生地を用いた、張りのある夏のきもの。

絹子、きものに目覚める!?

きものを着たいけれど…
洋服の人たちの中では
浮いちゃうのがイヤ
シックなファッションの中で
華やかなきもの姿って
目立って居心地悪いんです
あら絹子さん!
きものも洋服と同じ考え方でいいんですよ
ネイビー系
茶色系
グレー系
ベージュ系
のきものを選んで
同系色の帯を
合わせてみたら?
花柄とかじゃなくていいんだ
お母さん!
このグレーの無地の紬にするわ♡
絹子ダメ!
地味すぎよ。
まだ30歳なのよ。
あっちのピンクにしなさい!
空美先生
グレーのきもの買っちゃいました♡
帯はどうしたらいいですか?
あら!
すてきな色のグレーね。
帯を変えれば
一生楽しめますよ。
今の絹子さんには
柔らかなピンク系の
帯がお似合いよ!
シックなきものに
年代に応じた
帯を合わせる…
なるほど〜
お母さんも
やってみるわ!

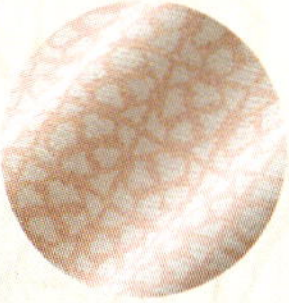

第4章

季節ときもの

四季がはっきりしている日本のきものは、季節によって素材や仕立て方が変わります。夏は涼しげに、冬は暖かく装うために知っておきたい基礎知識を紹介します。

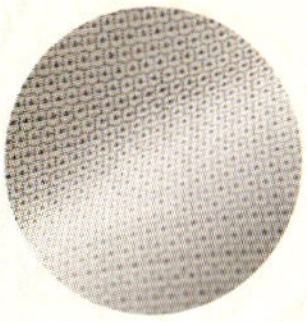

季節によってきものや帯が違うんですか?
大きく変わるのは素材ですね。

季節によって、きものを着分けます

春・夏・秋・冬と四季がはっきりしている日本では、季節に合わせて身につけるものが変わる衣更え《ころもが》の習慣があります。きものの世界では、季節によってきものの素材や仕立て方が変わります。

1月　2月　3月　4月　5月　6月

裏地のある袷《あわせ》を着ます

衣更え

きものにも衣更えがあります

衣更えの習慣は平安時代から始まったとされますが、洋装中心の現在も暦の上では、6月1日と10月1日が衣更えです。和装の世界でも、これにならって「袷《あわせ》」と「単衣《ひとえ》」を着分ける目安となります。袷とは裏地をつけた袷仕立てのきもののことで、単衣とは裏地をつけずに1枚で仕立てた単衣仕立てのきもののことです。

袷仕立てのきものは、10月から翌年の5月頃まで、単衣仕立ては6月から9月頃まで着用します。この単衣仕立てのきものの中で、とくに暑い7月と8月は透け感のあるきものを着る習慣があり、これを「薄物《うすもの》」と呼びます。いずれも、着用時期は目安で、実際には住んでいる地域やその日の気候、自分の体調などによって判断しましょう。

一年中暖かい沖縄では袷を着る必要はなく、逆に北海道では9月の初めから袷を着たくなります。関東や関西でも、暦の上では5月は袷の季節ですが、急に気温が上がったりすることもあります。そんなときは早めに単衣に袖を通してもかまいません。和装の世界では、季節の先取りをよしとする習慣があります。

逆に関東や関西で袷の季節に入っ

5月31日までは袷ですよね〜
ヒィ〜〜っ
汗だらだら
きょ、きょうは暑いですよね〜
絹子さん…5月中旬はもう単衣でいいんですよ
涼やか〜
さわやか〜
その日の気温に合わせてね。

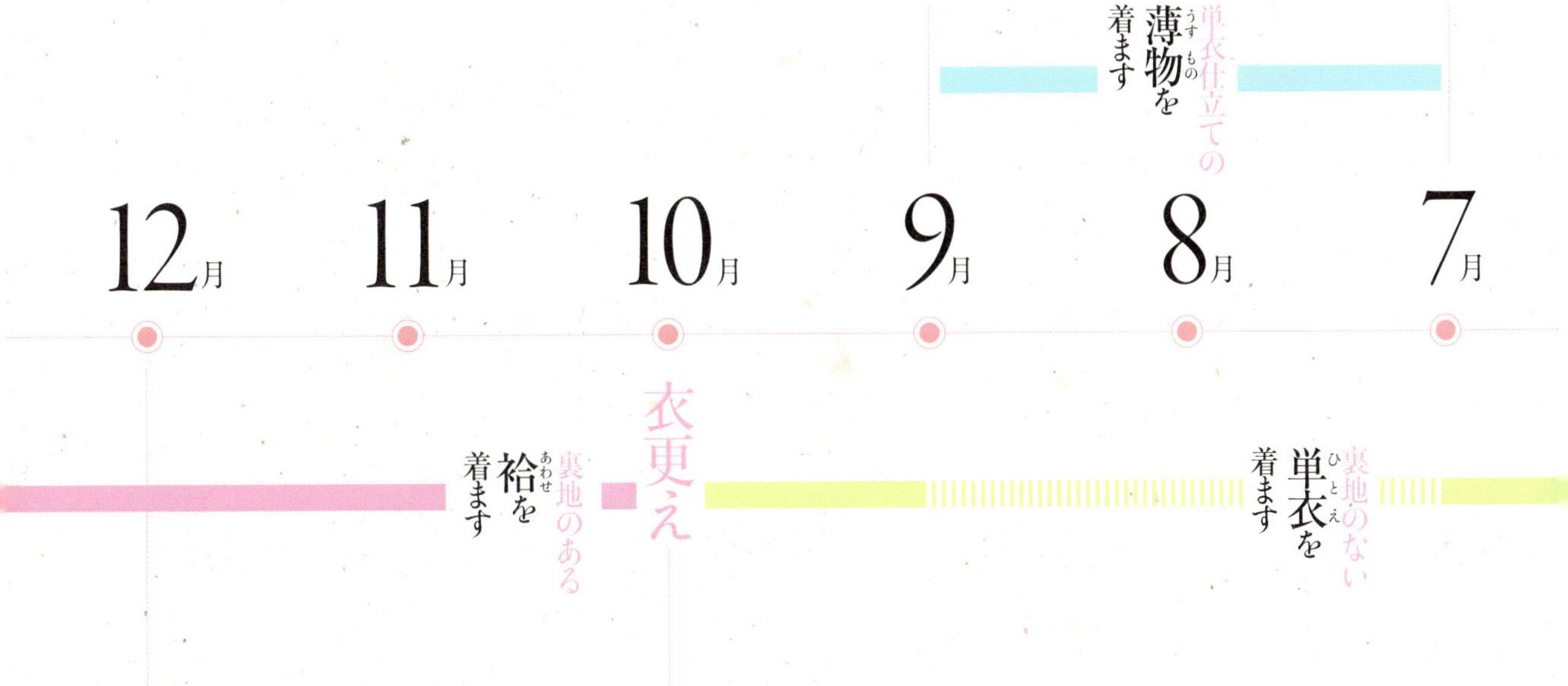

単衣仕立ての薄物《うすもの》を着ます
7月
8月
9月
10月
11月
12月
裏地のない単衣《ひとえ》を着ます
衣更え
裏地のある袷《あわせ》を着ます

た10月に単衣を着ていると、着ていく場所によっては居心地の悪い場合もあるので注意しましょう。そんなときは、袷のきものの仕立てを工夫したり、きものの素材や半衿で調整するのがいいでしょう。

※一年を通しての装いの目安は、100〜103ページ参照。

仕立て方のバリエーション

袷仕立て、単衣仕立てのほかに、それぞれをアレンジした仕立て方もあります。袷仕立てをアレンジした「胴単衣」は、胴裏をつけずに仕立てたもので、胴裏がないぶん軽やかです。さらに、簡略化されたものに、袖口、裾、上前の衽《おくみ》だけに裏地をつけた「人形仕立て」と呼ばれるものもあります。汗をかきやすい人は最初からこうした仕立て方にすることも可能なので、呉服店に相談をするといいでしょう。

どちらも、外側からは袷仕立てに見え、袷の季節用の仕立て方ですが、まだ暑さの残っている10月の初めや、急に気温が上がった5月などに重宝します。

袷《あわせ》のきもの

裏地をつけて仕立てたきもので、秋から春まで着ます

胴裏と八掛（裾まわし）をつけて仕立てた袷のきもの（八丈織）。

memo

着る時期

10月～翌年の5月（その年の気候によっては、5月中旬頃まで）

［秋］10月～11月

一年のうちで、もっとも着用期間が長いきものが、裏地のついた袷です。10月1日の衣更えとともに、袷仕立てのきものを着始めます。地方によっては、10月の初旬までは紬《つむぎ》や縮緬《ちりめん》の単衣を着るのもよいでしょう。帯は少し厚手のものを合わせて、落ち着いた深みのあるコーディネートを心がけます。この時季はまだコートや羽織がいらないので、きものの振りも目立ちます。シックな秋色の長襦袢を着るのも楽しみの一つです。

11月に入ると、秋が一気に深まって肌寒くなります。きものは袷仕立てにして、帯も重量感のある素材を選び、暖かそうに見える工夫を。まだコートを着るほどではない日は、ショールなどをきものの色に合わせてみましょう。

［冬］12月～2月

暮から新年にかけては、外出の機会が多くなります。忘年会やパーティなどには、洋装のドレスのような光沢のある素材や華やかな色調のものを。新年の集まりには、松竹梅の模様や友禅などの雅《みやび》なものが向きます。外出時はコートを着て、ショールや手袋をし、暖かく装いましょう。

2月はもっとも寒い時季ですが、新年が始まって間もないので、豪華な装いが合います。素材は厚手の紬や縮緬が暖かく、思いきった鮮やかな色が映える季節でもあります。

〔春〕 3月〜5月

新芽が吹き出し、ようやく待ち遠しい春がやってきました。空気も柔らかく感じられるようになり、フェミニンな色や優しい色が着たくなります。帯もきものの雰囲気に合わせましょう。桜の季節が終わる頃には、ストールやコートを脱いで、帯を見せる装いを楽しみたいもの。春の日差しには軽やかな大島紬などがよく合います。

5月に入ると、夏のような日差しの日も。5月までは袷の季節ですが、中旬からは織りのきものや縮緬の単衣などを着るのが一般的です。

平織り ひらおり

平織りの組織に変化をつけた、光沢のある織りのきものは、袷、単衣どちらでも。秋冬のパーティシーンで着用するなら、袷仕立てにしておくと便利。きもの地／なか志まや

縮緬 ちりめん

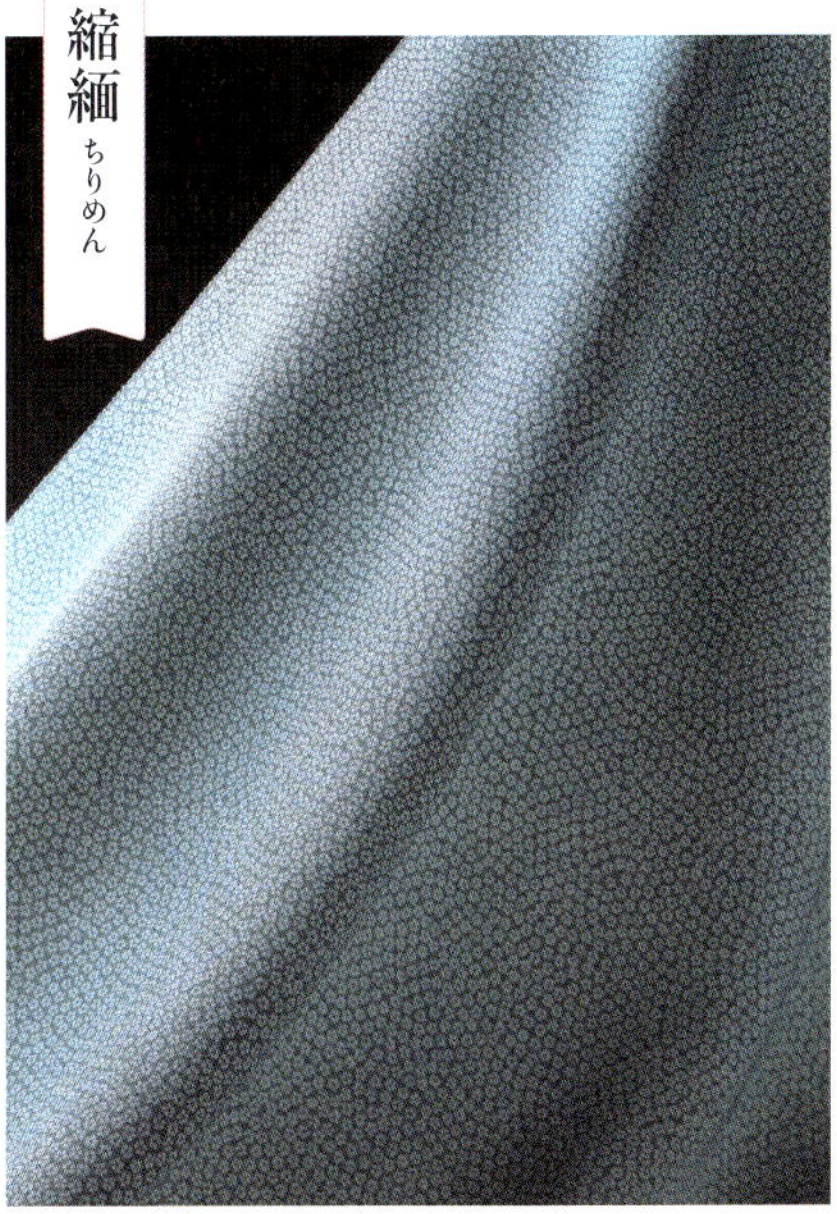

縮緬はしぼの大きさによって、袷向き、単衣にも使えるものなどがある。しぼの大きなぼってりとした鬼《おに》しぼ縮緬は袷向き、しぼの小さなさらりとした一腰《ひとこし》縮緬は単衣にも。

真綿紬 まわたつむぎ

経糸《たていと》、緯糸《よこいと》ともに真綿糸で織られた紬は、袷仕立てにして暖かく着るのに向く。

単衣《ひとえ》のきもの

裏地をつけずに仕立てた透けないきもので、盛夏《せいか》の前後に着ます

［初夏］5月〜6月

5月に入ると気温が上がり、裏地のついたきものでは暑くなるため、裏地のない単衣仕立てのきものを着ます。きものの素材は、御召《おめし》、縮緬、木綿など。帯は染め帯なら塩瀬《しおぜ》、綸子《りんず》、生絹《すずし》（生糸で織った平織り）など。織り帯は袷用でもかまいませんが、光沢のあるものや生地の薄いものを選ぶと、軽やかな印象になります。

6月に入ると雨が多くなり、湿度もぐんと上がります。かと思えば梅雨寒《つゆざむ》で肌寒く感じる日もあり、気温が一定しません。

そんな6月に向くのは、紬糸を使用しない八丈織や大島紬、御召などの織りのきものです。6月下旬になったら、夏紬、絽縮緬、夏結城《ゆうき》、夏大島、麻縮《あさちぢみ》などのあまり透けない素材で、さらりとした質感のものを。帯は麻、絽、絽綴《ろつづれ》、生絹などが合います。

［初秋］9月

まだ残暑の厳しい季節ですが、夏とは違う空の色です。基本的には初夏の単衣と同じ素材でいいのですが、できれば色合いは色づく自然を早めに取り入れた装いをしたいものです。

9月9日の重陽《ちょうよう》の節句までは薄物を着てもよいとされていますが、実際には白っぽい上布《じょうふ》や絽のきものなどは、どことなく侘《わび》しさを誘います。

帯は染め帯なら、秋草模様などがよく似合います。織りなら、紙布《しふ》、科布《しなぬの》、藤布《ふじぬの》など自然素材の帯も。9月も彼岸を過ぎたら、きものは一般的な単衣の素材、縮緬、紬、御召などを。

透けない単衣仕立ての結城縮。涼しげな白地は、初夏に着ると爽やか。腰の部分についているのは、居敷当て。背伏は、きもの地に負担がかからないように、背縫いの縫い目を別布で補強するもの。

memo

着る時期

5月中旬〜6月末
9月

結城縮《ゆうきちぢみ》

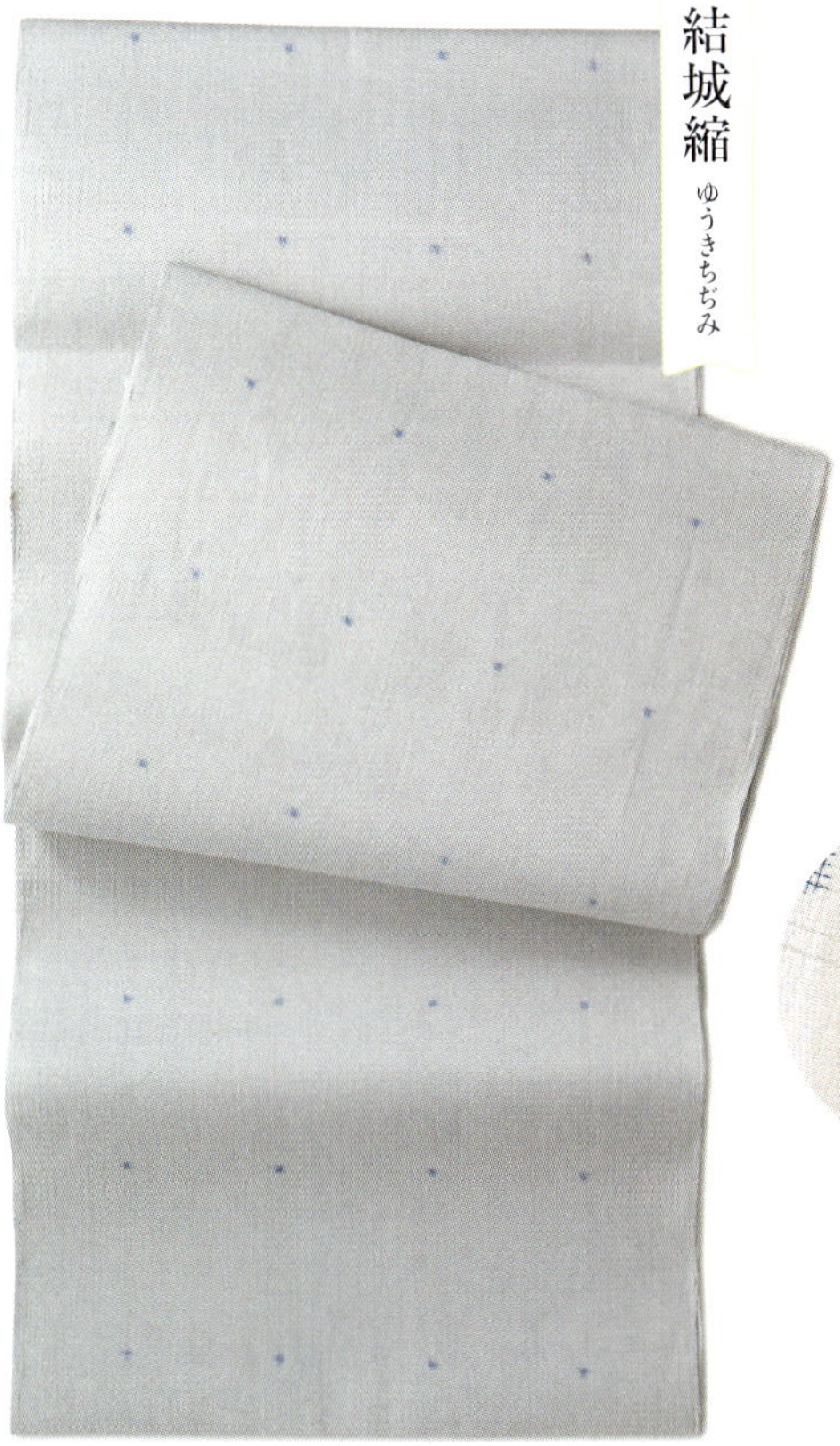

強い撚《よ》りをかけた糸を用いたしぼのある結城縮は、さらさらとした風合いで単衣に最適。きもの地／なか志まや

夏塩沢《なつしおざわ》

新潟県で生産されている紗織りの素材。小さな寒色系の絣《かすり》柄が涼しげ。きもの地／なか志まや

絽縮緬《ろちりめん》

白地とピンクのすっきりとした単衣の小紋。きもの地／きもの創り玉屋 銀座店

夏紬《なつつむぎ》

細い縞模様が涼しげな初夏向きの紬。きもの地／なか志まや

生紬《なまつむぎ》

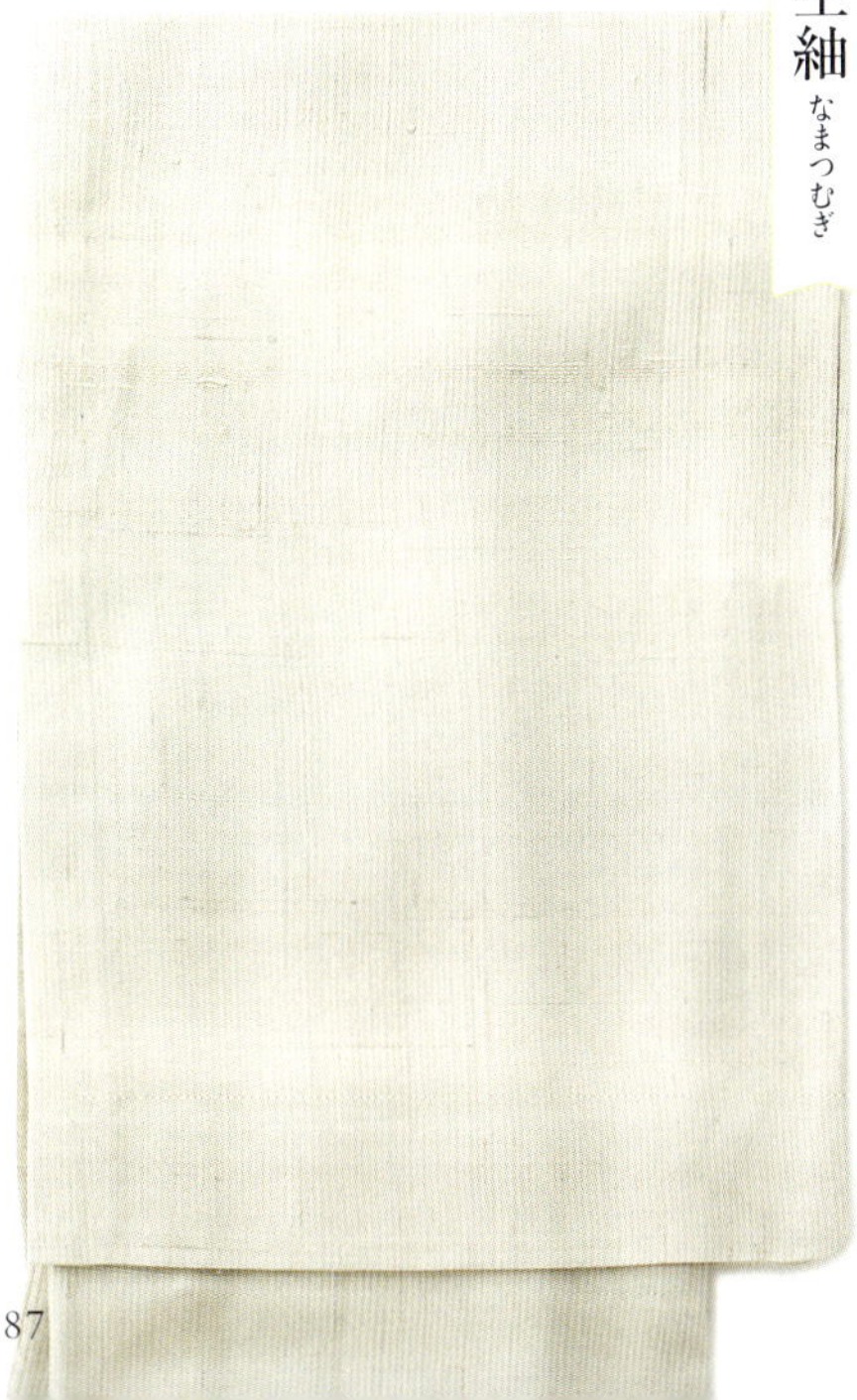

ざっくりとした糸で織られているため、さらりとした風合いが魅力。

薄物《うすもの》のきもの

裏地をつけずに仕立てた透けるきもので、もっとも暑い盛夏に着ます

［盛夏］ 7月〜8月

関東地方の梅雨明けは、7月中旬頃ですが、上布を着るのはその頃からです。それまでは紗紬や夏紬などのほうが、体温調整もしやすく肌になじみます。合わせる帯は、麻や生絹、絽綴、櫛《くし》織りなどの少し目の粗い生地がよいでしょう。雨の多いこの時季は、縮みにくい素材を選ぶことも大切です。

梅雨が明けると、いよいよ盛夏の素材の出番です。梅雨明けとともに一気に真夏日ということもあるので、そんな日は透け感のある素材を選んで涼しげに装います。盛夏に欠かせない素材は、絽や紗、上布など。帯も帯芯を入れずに仕立てた羅《ら》や紗、絽綴が中心になります。普段着には、麻や科布、藤布などの自然布の帯が活躍します。

8月も後半になり、朝夕に涼しい風が吹き始めたら、上布は避けて、盛夏のときよりは透けない素材を着るようにしましょう。きもので少しずつ秋が近づいている気配を感じさせることができたら素敵です。

生地の透け感が軽やかな盛夏のきもの、紗紬。透けるきものには、腰の部分に居敷当てをつけるのが一般的。

memo

着る時期

7月〜8月

横絽《よころ》

緯《よこ》方向に絽目を織りだした一般的な絽の小紋は、夏のお出かけ着に。きもの地／きもの創り玉屋 銀座店

竪絽《たてろ》

レース状の透けた絽目《ろめ》（隙間）が涼感を誘う絽の小紋。経《たて》方向に絽目を表した竪絽は、透け感が少ないので6月中旬から。きもの地／きもの創り玉屋 銀座店

紗《しゃ》

経糸を捩《もじ》ることによって独特の隙間を表した織物、紗の優しい小紋。もっとも暑い時期に。きもの地／きもの創り玉屋 銀座店

上布《じょうふ》

イラクサ科の多年草、苧麻《ちょま》を原料にした麻織物。藍染が涼しげな宮古上布。きもの地／銀座もとじ 和織

夏大島《なつおおしま》

夏向けに作られた大島紬は、小さな亀甲絣《きっこうがすり》が涼しげ。単衣の季節にも着られる。きもの地／なか志まや

単衣・薄物に合わせる帯

6月から9月までに着る単衣や薄物のきものには、見た目にも涼しげに見え、通気性のよい素材を選びます。染め帯なら絽塩瀬《ろしおぜ》や麻、織り帯なら絽綴《ろつづれ》、紗《しゃ》、自然素材などが中心になります。

5月に単衣を着る場合は、袷用の帯で生地の薄いものや涼しげな色、季節感のある柄を選びます。6月になると単帯《ひとえおび》が活躍します。単帯とは、裏のついていない一枚仕立ての帯で、代表的なものに博多織があります。ほかに紬織りなどにも単帯が見られます。絽縮緬《ろちりめん》や紗紬の夏帯もこの時季に使え、紫陽花《あじさい》や鉄線《てっせん》、沢瀉《おもだか》、波などの夏の文様が涼しげです。

7月、8月の薄物には、透け感のある素材で、涼しげな色柄の帯を選びます。素材は絽や紗、羅《ら》、麻をはじめとする自然素材がおすすめです。絽、紗、羅はすべて経糸《たていと》を交互に捩《もじ》りあわせた捩り織り（搦《から》み織り）の仲間で、レース状の透け感に特徴があります。いずれも寒色系で色数を少なくし、見た目にもすっきりとしたコーディネートを心がけましょう。

9月はまた単衣の季節です。素材は6月と変わりませんが、色は秋の気配を感じさせる落ち着いたもの、柄は秋草や葡萄《ぶどう》、月見など、秋を意識したものがしっくりなじみます。

フォーマルには絽や紗の袋帯や名古屋帯を合わせます

紗 しゃ

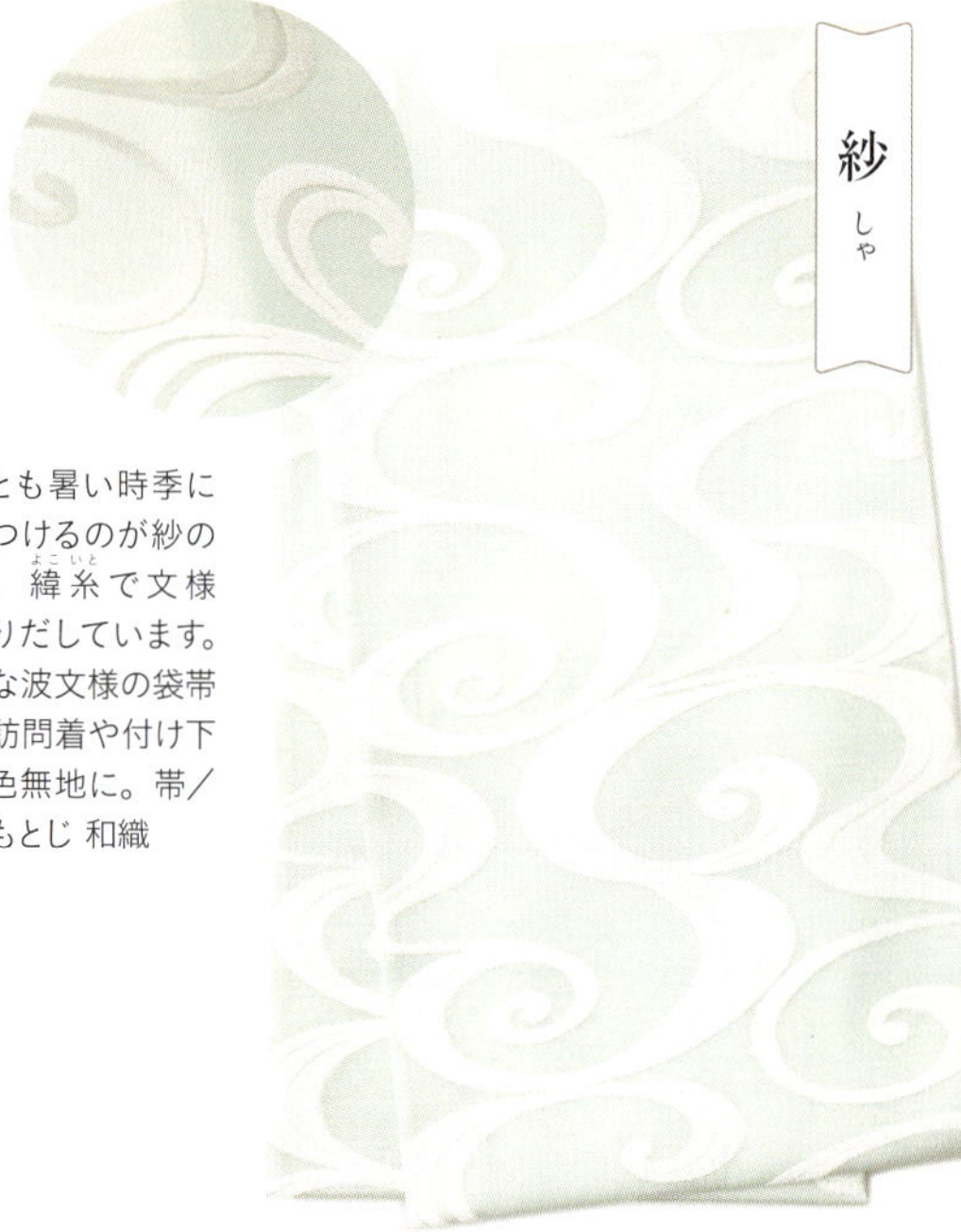

もっとも暑い時季に身につけるのが紗の帯で、緯糸《よこいと》で文様を織りだしています。大胆な波文様の袋帯は、訪問着や付け下げ、色無地に。帯／銀座もとじ 和織

絽綴 ろつづれ

紗はすべてが捩り織りですが、絽は間に平織りを入れて変化をつけています。その平織りの部分を綴織で表現したのが絽綴。紫色のグラデーションが涼しげ。袋名古屋帯なので、軽めの付け下げやよそゆき小紋などに。帯地／銀座もとじ 和織

絽唐織 ろからおり

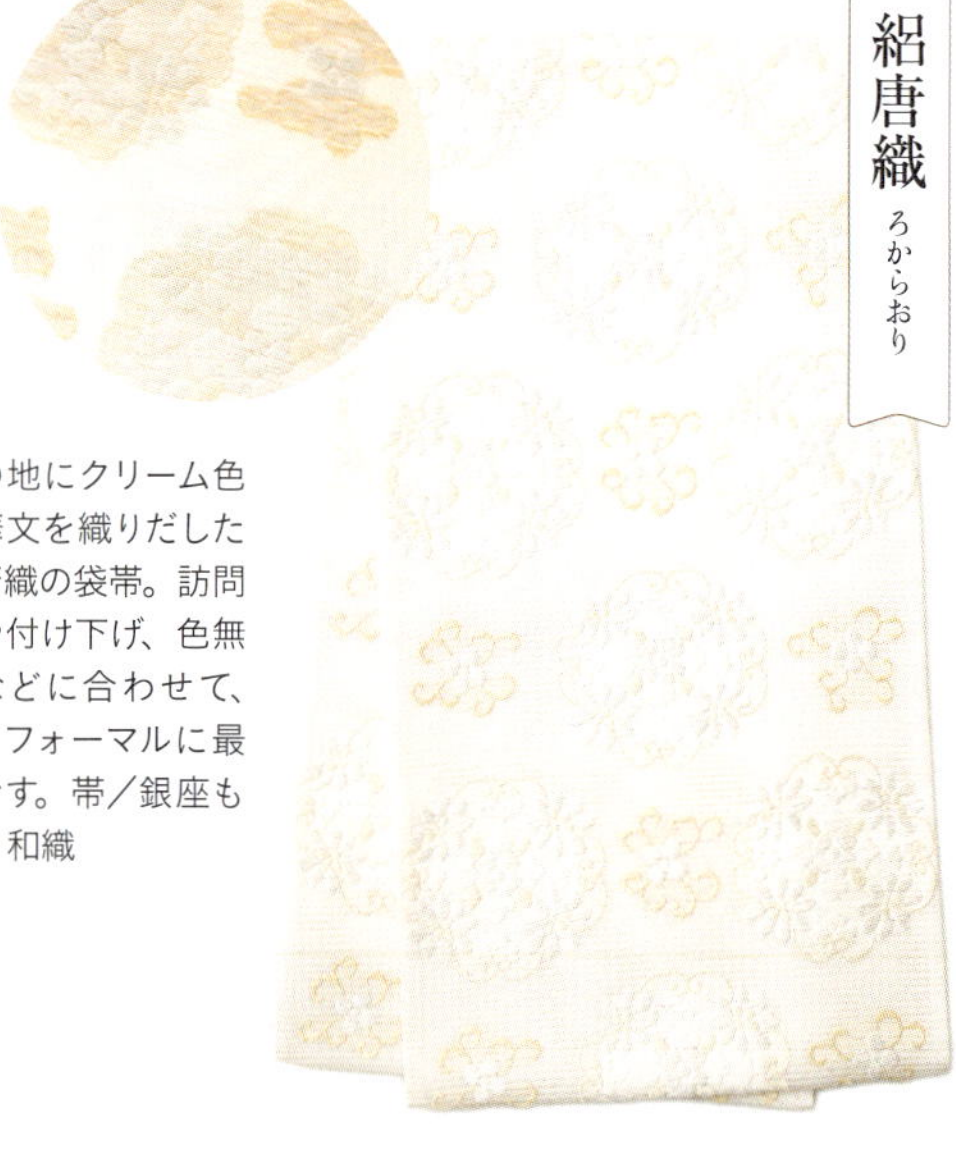

絽の地にクリーム色で華文を織りだした絽唐織の袋帯。訪問着や付け下げ、色無地などに合わせて、夏のフォーマルに最適です。帯／銀座もとじ 和織

カジュアルには絽、紗、羅、自然素材などの名古屋帯を合わせます

絽塩瀬《ろしおぜ》

塩瀬の生地に絽目を入れたもので、季節の文様を染めた九寸帯が中心です。紫陽花を描いた紺地の帯は、5月から6月の単衣に。帯地／銀座もとじ 和染

単帯《ひとえおび》

南風原《はえばる》花織の八寸名古屋帯。ブルー系の爽やかな色柄なので、5～6月の単衣の装いに。帯／銀座もとじ 和織

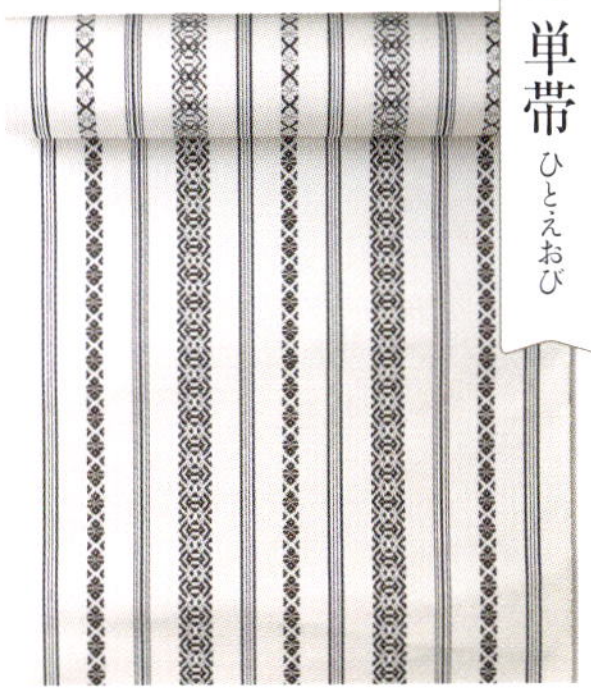

単帯《ひとえおび》

博多織は一年中締められるので、一本あると便利。伝統的な献上柄を織りだしたものは、小紋や紬に似合います。

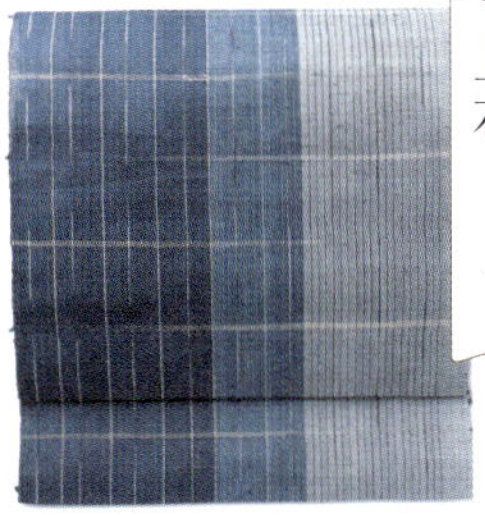

上布《じょうふ》

高級麻織物の上布のきものと同じ素材を用いた、宮古上布の袋名古屋帯。原料の苧麻の帯用の太い糸を用いて織ったもの。夏紬におすすめ。

芭蕉布《ばしょうふ》

糸芭蕉の繊維からとった糸を用いて織った芭蕉布の生地に、琉球藍で型染めを施した琉球藍型《えーがた》。夏紬に。

紗献上《しゃけんじょう》

夏用の帯として生まれた献上柄の博多織。涼しげなので、手軽な盛夏の帯として人気。浴衣にも合います。帯／竺仙

羅《ら》

菱形などの網目状の織柄が印象的な羅織は、もっとも織りが粗く清涼感があります。羅の帯は張りがあるので、多くは帯芯を用いずに仕立てます。帯／銀座もとじ 和織

単衣・薄物の小物

単衣・薄物の季節には、きものや帯に合わせて、半衿や長襦袢、帯揚げなどの素材が変わります。バッグや草履も季節に合わせた涼しげな色柄、素材のものを合わせるとお洒落です。

半衿（はんえり）

単衣仕立てのきものには、単衣用の素材の半衿を合わせます。絽のきものには絽、紗のきものには紗または絽、麻のきものには麻の半衿を用いると、きものの素材とマッチして衿もとが生き生きしてきます。

　とはいえ、すべての素材の半衿を揃えるのは大変なので、夏用の半衿としてオールマイティに使える絽の白を用意しておきましょう。その上で、麻や上布、夏紬などの織りのきものを着る機会が多い方は、さらに麻絽を追加して持っていると便利です。ここでは一般的に市販されている単衣・盛夏用の4タイプの半衿を紹介します。

麻絽（あさろ）　7月〜8月

絽目の隙間をそのまま生かして、麻素材で開発された半衿。独特のしぼは見た目にも涼しげで、上布や夏紬に用いると、素材感がぴったり合います。

絽塩瀬（ろしおぜ）　6月〜9月上旬

夏の半衿の代表的な素材で、絽の特徴である絽目（隙間）が透けて涼しげです。絽の白半衿があれば、単衣・盛夏ともに、どんなきものにも合います。

絽縮緬（ろちりめん）　6月、9月上旬

透け感のある絽に強い撚《よ》りをかけた縮緬の素材。絽目が涼しげで、しかもふっくらとした質感なので、衿もとが華やかに。単衣のきものに向きます。

楊柳（ようりゅう）　5月

経《たて》しぼの質感が涼感を誘う楊柳は、程よいボリューム感があって、衿もとが柔らかくなります。絽や麻にするにはちょっと早すぎるというときに最適。

単衣・薄物の長襦袢

5月〜10月

淡い地色のきものには、白系の長襦袢を。白地に貝殻や海藻をモチーフにした涼しげなみらい襦袢。長襦袢地／きもの おがわ屋

絽（ろ）

6月初旬〜9月末

白い絽の長襦袢は、夏きもの用の定番素材。どんなきものにも合います。長襦袢地／きもの おがわ屋

長襦袢（ながじゅばん）

単衣・盛夏用には、袖の部分が一枚仕立てになっている単衣の長襦袢を着用します。基本の素材は絽で、白ならすべてのきものに着用できます。

　この白い絽の長襦袢をベースに、次に揃えたいのが、お洒落な色柄の長襦袢。ここで紹介する単衣用の長襦袢は、京都のメーカーが考案した「みらい襦袢」と呼ばれるもので、単衣・盛夏用の長襦袢として人気です。

　素材は絹ですが、絹糸の細さ、撚りのかけ具合、織りの打ち込みの強さに工夫を重ねて生まれたものです。汗をかいてもまとわりつかないさらりとした素材感は、5本に1本の割合で玉繭《たままゆ》の糸を織り込んでいることによるもの。立ったり座ったりを繰り返しても、生地がへたれにくいので、居敷当ては不要です。

単衣・薄物の小物

帯揚げ（おびあげ）

単衣・薄物のきものには、絽、紗、麻などの帯揚げを合わせます。単衣の季節には絽縮緬、織りのきものには麻もなじみます。きものに合わせて帯揚げの素材を変えるのは大変なので、最初は絽を用意しておきましょう。絽はフォーマル、カジュアルともに、すべての単衣・薄物のきものに合わせることができます。

色はフォーマルには白か淡い色、カジュアルには涼しげな色の無地がよいでしょう。

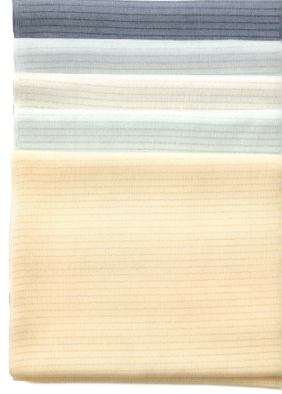

絽目の透け感が涼しげな無地の絽の帯揚げは、オールマイティに使える。自分のきものの色に合わせて、数種類を用意しておきたい。

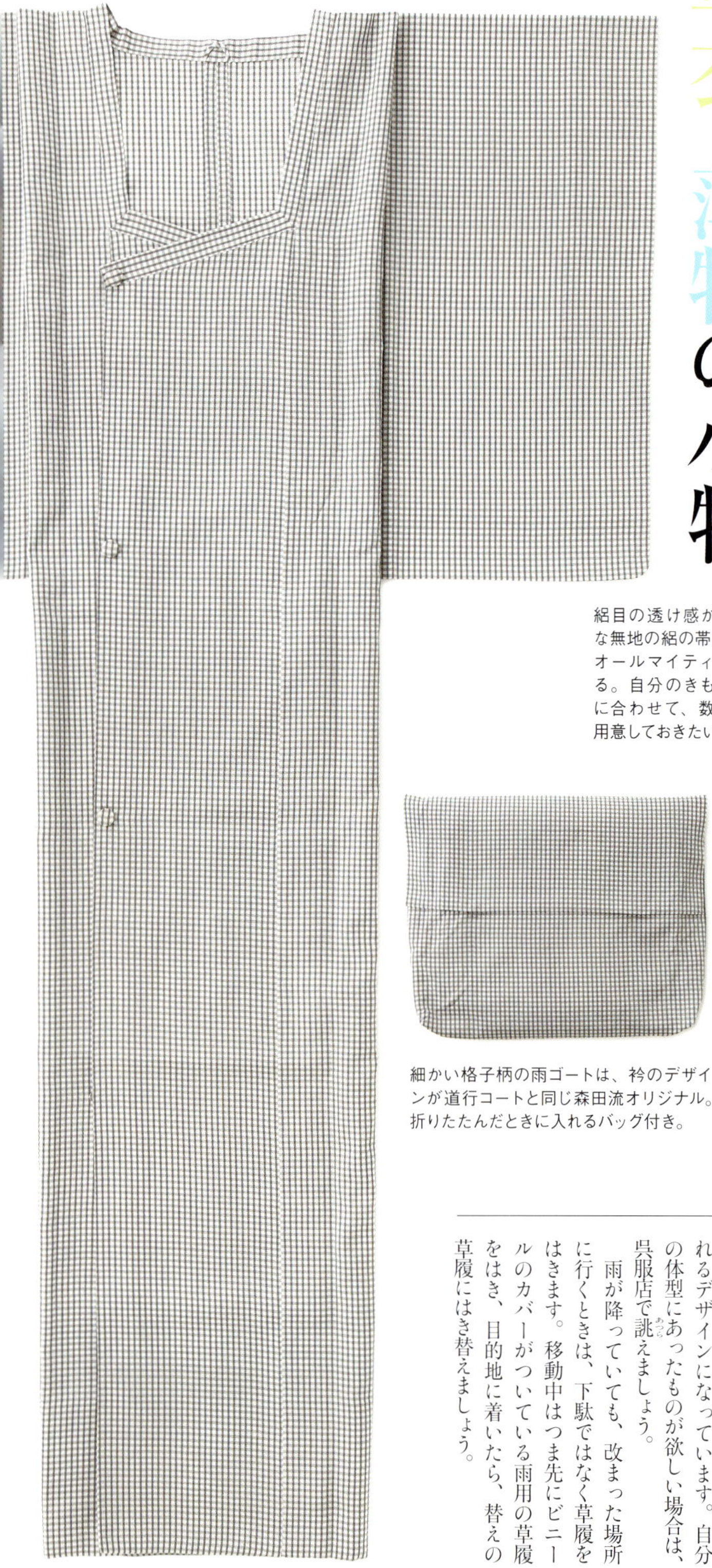

細かい格子柄の雨ゴートは、衿のデザインが道行コートと同じ森田流オリジナル。折りたたんだときに入れるバッグ付き。

雨ゴート・雨草履（あまごーと・あまぞうり）

雨のときのお出かけには、防水・撥水を施した雨ゴートや雨用の草履が欠かせません。裾がいちばん濡れるので、雨ゴートは裾まですっぽり隠れるデザインになっています。自分の体型にあったものが欲しい場合は、呉服店で誂《あつら》えましょう。

雨が降っていても、改まった場所に行くときは、下駄ではなく草履をはきます。移動中はつま先にビニールのカバーがついている雨用の草履をはき、目的地に着いたら、替えの草履にはき替えましょう。

つま先にビニールのカバーがついた雨草履。裏側には滑り止めのゴムが施されている。

帯締め（おびじめ）

レース状に組まれた透け感のある夏用の帯締めもありますが、季節に関係なく袷用の帯締めを使うこともできます。

単衣・薄物に合わせる場合は、厚みのない細めのもの、涼しげな無地系の色を選びます。帯締めは装いのポイントになるので、淡い色だけでなく、濃い色の帯締めを効果的に使うと、きりっとした装いになります。

夏用の帯締めは、笹波組や冠《ゆるぎ》組など、薄く細いタイプが涼しげに見える。フォーマルには淡い色を選び、カジュアルには濃い色も。

白い革製の洋装バッグ。小ぶりなので、きものにも似合う。

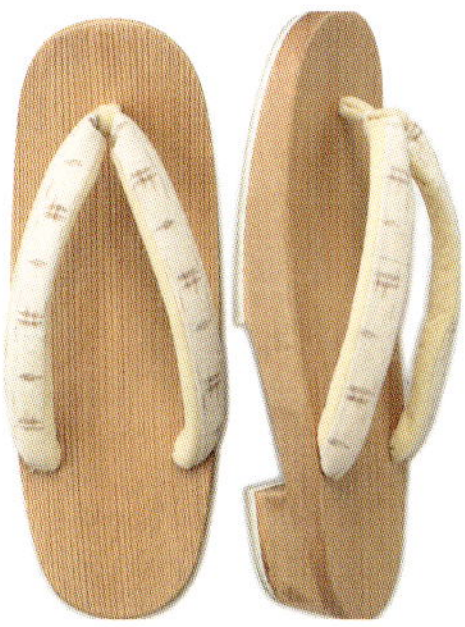

小千谷縮の鼻緒を用いた、はきやすい草履型。

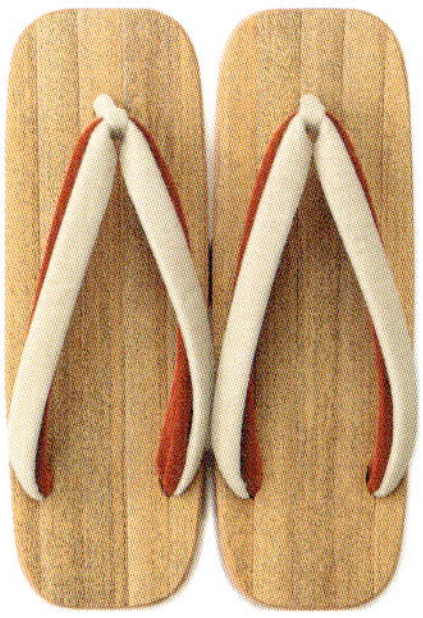

二石《にこく》の鼻緒がアクセントになったごま竹の下駄。

カジュアルな夏きものに合わせたい籠《かご》バッグは、上質なものが一つあると重宝。

上質な麻素材を台に使った涼しげなデザイン。

夏を代表する素材、パナマを台に用いた草履。

タイ製の竹細工のバッグは、夏のパーティにも使える逸品。

黒塗りのお洒落な台に、涼しげな紗の鼻緒。

バッグ・履物（ばっぐ・はきもの）

夏きものの場合も、バッグは小ぶりのものが基本です。洋服と同じように、夏は気分的に白っぽいものや自然素材のものを持ちたくなるもの。透け感のあるきものに黒や茶、厚地の織物などは重く感じるため、きものの雰囲気に合わせて軽やかなものを選びます。草履は袷用と同じものでかまいませんが、草履の台に自然素材を用いた涼しげな夏用もあります。また、浴衣のほか麻などカジュアルな織りのきものを着る場合は、下駄も軽やかです。ただし、お出かけには、必ず白足袋をはきましょう。

コーディネートレッスン③

こんな時季は何を着るの？

季節と季節の変わり目は、何を着たらよいか悩む人も多いはず。きものは体に触れるものなので、着る前に生地をさわって、その日の気候や自分の体調に合うかどうかを確認することも大切です。

春

3月
桜にはまだ間がある

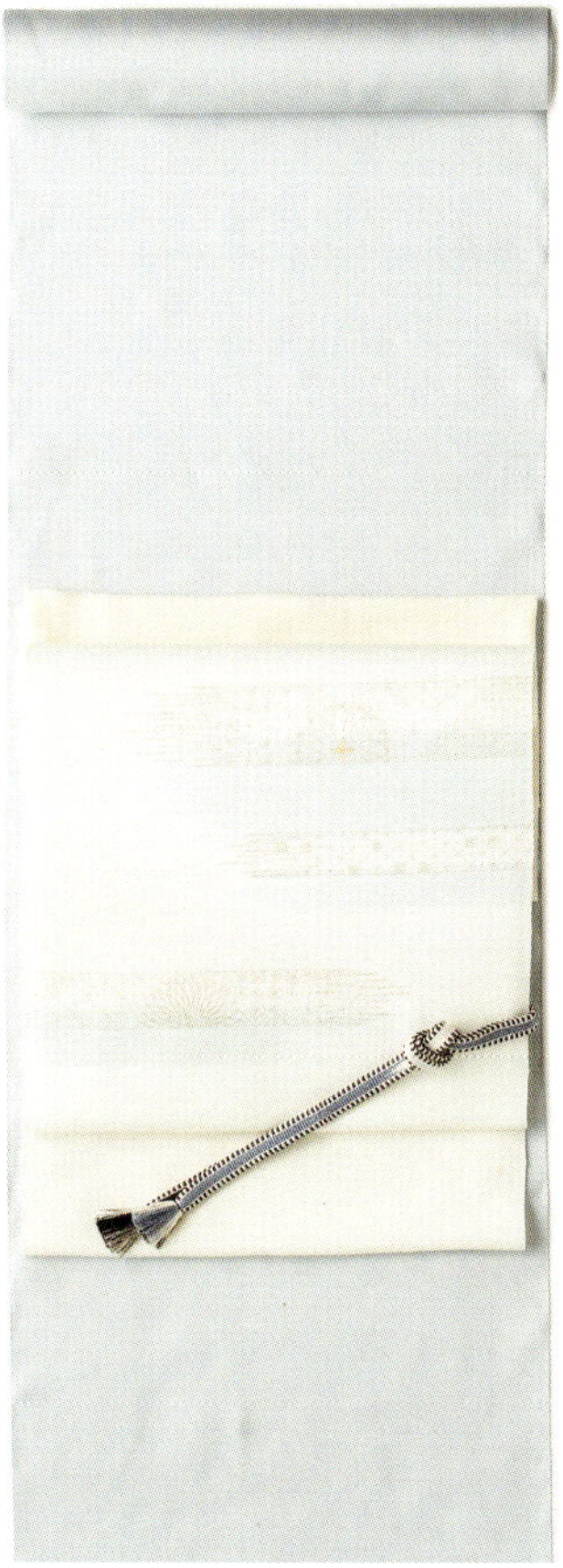

袷の織りのきもの ＋ 塩瀬の名古屋帯

春を待ちわびる2月から3月のパーティには、光沢のある八丈織に白い塩瀬の染め帯を合わせ、春を感じさせる装いで。きもの地、帯地／ともに銀座もとじ 和染

5月
初夏を思わせる

単衣の御召 ＋ 紬の八寸帯

淡い色の縞御召に、ざっくりとした草木染めの紬の帯で軽やかに。帯揚げは袷用ですが、6月に着るなら、絽や絽縮緬を合わせます。きもの地、帯／ともに銀座もとじ 和織

6月
梅雨入りの前の

単衣の御召 ＋ 生紬の九寸帯

6月と9月の単衣の季節の定番の一つ、白鷹《しらたか》御召。控えめな立涌《たてわく》文様に、生紬地に華やかな染めを施した紅《びん》型《がた》の帯で、きりっとした初夏の装い。きもの地、帯地／ともに銀座もとじ 和染

夏

ジメジメした梅雨時に

単衣の縮
+
自然布の帯

結城紬と同じところで作られている単衣用の贅沢な結城縮。北海道のアットゥシ織の帯は、オヒョウの樹皮から糸を取ります。きもの地、帯／ともに銀座もとじ 和織

真夏の太陽の下で

上布のきもの
+
生絹《すずし》の帯

梅雨明けからお盆までは、上布や芭蕉布が活躍します。自然素材で織られた布は体にまとわりつかず、体の中を風が通り抜けるよう。贅沢な盛夏のお洒落着です。きもの地、帯地／ともに銀座もとじ 和織

秋風を感じる夏の終わり

単衣の織りのきもの
+
透けない紬帯

あまり透け感がなく、爽やかな色柄の紗紬《しゃつむぎ》に、無地のベーシックな紗紬の帯の組み合わせ。梅雨入り前の6月にも合います。きもの地、帯地／ともに青山 八木

こんな時季は何を着るの？

秋

残暑が残る 初秋

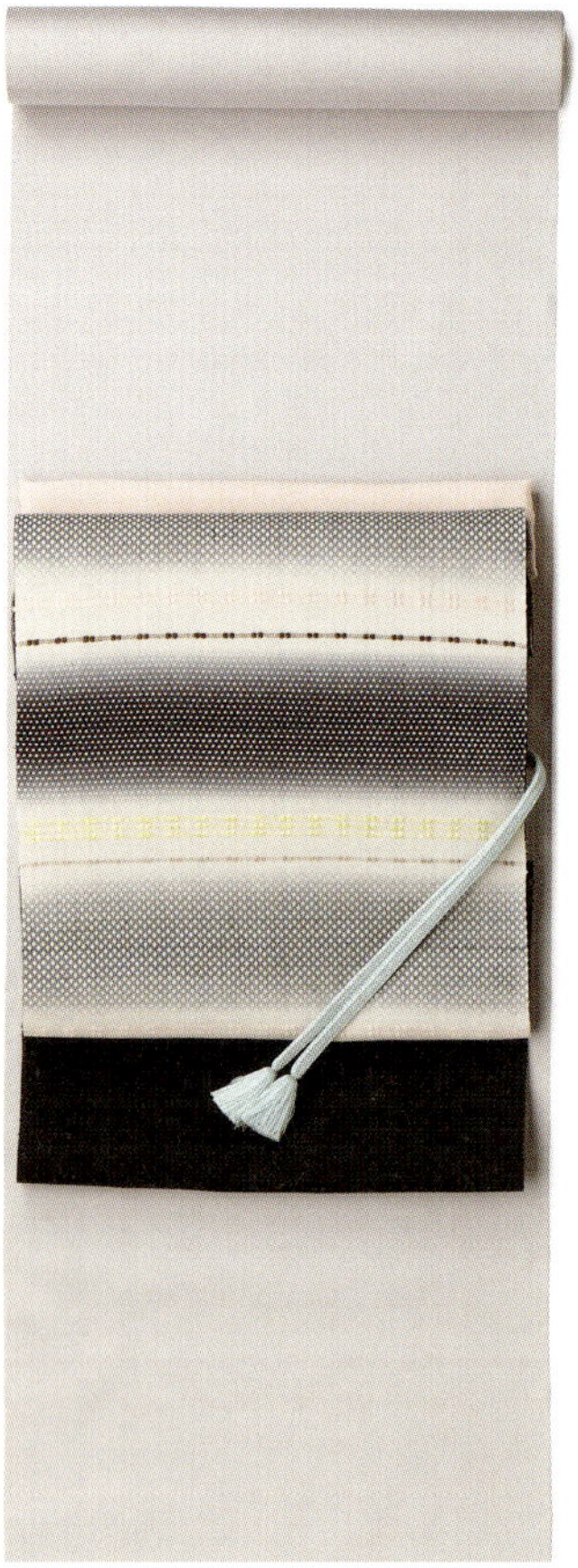

単衣の織りのきもの ＋ 紬地の染め帯

秋の単衣の時期は、春単衣とは違う秋色で勝負。淡いグレーの八丈織の単衣に、同系色の横段のシックな帯で、秋色コーディネートに。きもの地、帯地／ともにきもの おがわ屋

袷の季節目前の 9月

単衣の織りのきもの ＋ 織り名古屋帯

優しいクリーム色の単衣の無地紬に、シックな模様の織り名古屋帯で、どことなく秋の気配を演出します。ギャラリー巡りやレストランでの会食に。きもの地、帯／ともに青山 八木

ちょっと寒くなった 10月

袷の小紋 ＋ 織り名古屋帯

唐草文様の小紋に、七宝繋ぎをアレンジした織り名古屋帯。どちらも季節を問わず楽しめる柄ですが、茶系の色で秋を表現します。お茶会や観劇に。きもの地、帯地／ともに銀座もとじ 和染

冬

コートが恋しい 11月

袷の紬 + 木綿の名古屋帯

秋が深まるにつれ、白っぽいきものや帯は寒々しく感じるので、濃い地色が着たくなります。小倉縞の帯ですっきりと。黄色の帯締めで温かみをプラスしています。きもの地、帯地／ともに青山 八木

ぐっと冷え込んだ師走

袷の紬 + 紬地の染め帯

本格的な寒波がやってくる12月から2月頃までは、真綿紬が手放せません。無地の結城紬なら帯合わせで変化がつけられます。クリスマスシーズンには、賑やかな型絵染めの帯で楽しげに。きもの地、帯地／ともに銀座もとじ 和織

春が待ち遠しい 2月

袷の紬 + 紬地の染め帯

1月、2月の装いは、春を意識して明るいものを。サーモンピンク地の無地紬に楽しい型絵染めの帯で華やかに装います。新年会のほか、バレンタインデーのデートにも。きもの地、帯地／ともにきもの おがわ屋

12か月の装い一覧表

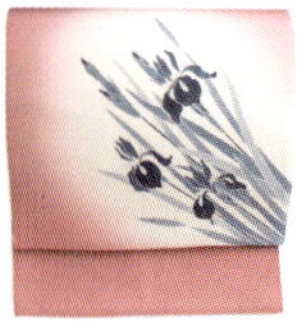

春

	5月	4月	3月

袷《あわせ》

きもの

絽縮緬
縮緬の素材で絽目《ろめ》のある絽縮緬は、7月上旬までと8月下旬から着用可能。真夏は暑苦しく感じるので避けたい。

一越縮緬・紋綸子

紬・御召《おめし》・そのほかの織りのきもの

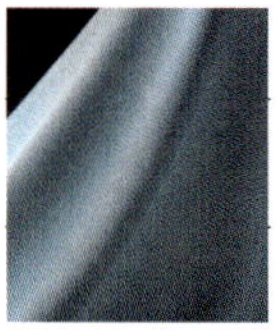

一越縮緬《ひとこしちりめん》・紋綸子《もんりんず》
縮緬のきものは、しぼの大きさによって着用する時季が変わる。しぼの小さな一越縮緬は、単衣仕立てにして6月や9月の単衣の時季に。

帯

植物繊維
自然布は夏のイメージが強いが、風合いによって幅広く使える。写真のオヒョウの木の繊維で織ったしなやかな帯は、真冬以外は締められる。

博多織

塩瀬《しおぜ》

縮緬

錦織《にしきおり》・綴《ろ》織《つづれ》・紬織

博多織
打ち込みがしっかりとした博多織は単帯《ひとえおび》なので、一年中締められる。紗献上という夏向きの博多織も。

長襦袢

みらい襦袢

縮緬・綸子

半衿

塩瀬

楊柳《ようりゅう》

塩瀬
10月頃から翌年の5月頃まで使える塩瀬の半衿。白はどんなきものにも使える。

帯揚げ

楊柳

綸子・薄手の縮緬

帯締め

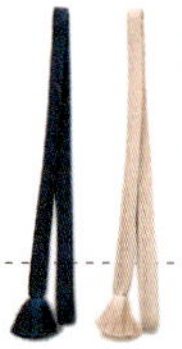

細い帯締め
季節に関係なく使える帯締め。単衣と盛夏の時季には、袷用の中でも細いもの、涼しげな色のものを。

袷用

履物

※エナメルの草履の中でも、白は季節を問わず、お洒落着から略礼装まで使える。とくに夏は清涼感があり、出番も多い。

エナメル台に縮緬鼻緒

エナメル台にエナメル鼻緒

夏

8月	7月	6月
薄物《うすもの》		単衣《ひとえ》

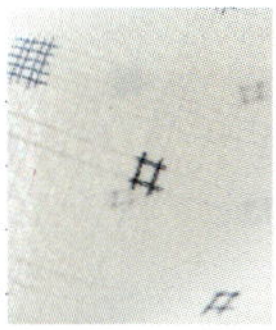

夏塩沢
夏塩沢は夏用の紬(絹織物) なので、主に盛夏《せいか》に着用。伝統の絣《かすり》技法を取り入れ、強い撚《よ》りをかけた糸を用いて透け感を出している。

- 絽縮緬 ＞ (8月初め)
- ＜ 絽《ろ》縮緬 ＞ (6月)
- 絽・紗《しゃ》 (8月〜6月末)
- 浴衣 (8月〜6月末)
- 夏紬《なつつむぎ》・麻 (8月〜6月末)
- 上布《じょうふ》 (8月〜6月末)

紗
もっとも暑い季節に締めるのが、透け感を強調した紗の帯。緯糸《よこいと》に色糸を使って模様を表現。帯/きもの創り玉屋 銀座店

- 紗・紗献上 (8月〜6月)
- 羅《ら》 (7月〜6月末)
- 麻・上布・絽塩瀬 (8月〜6月)
- 絽 (6月)
- 紗紬《しゃつむぎ》 (6月)

みらい襦袢
5月から10月頃まで着用できるみらい襦袢は、オーガンジー風の透ける素材。真夏には暑いと感じたら、絽や麻を。

- 絽 (6月)
- 麻 (6月)

麻
麻絽ともいい、麻素材に絽目があしらわれている。上布や夏紬など夏の織りのきものに。

- 絽塩瀬 (8月〜6月)
- 麻 (8月〜7月)
- ＜ 絽縮緬 ＞ (6月)

※半衿の見えるスペースはわずかだが、季節感を伝える重要なポイント。6月前半は絽縮緬、6月後半は絽にするなど、微妙な変化を楽しみたい。

絽塩瀬
単衣から薄物のきものに欠かせない絽塩瀬の帯揚げ。塩瀬の生地に絽目の透け感が涼しげ。

- 麻 (8月〜7月)
- ＜ 絽縮緬 ＞ (6月)
- 絽塩瀬 (8月〜6月)

※6月から9月の4か月間は、帯揚げの素材にも気を配りたい。半衿と同じ素材を用いるのが基本。

- 袷用の細いもの (6月)
- レース組 (8月〜7月)

パナマ
麻や上布、夏紬などのきものに似合うパナマの草履。台はパナマで鼻緒は白がおすすめ。

- パナマ台に白エナメル鼻緒 (8月〜7月)

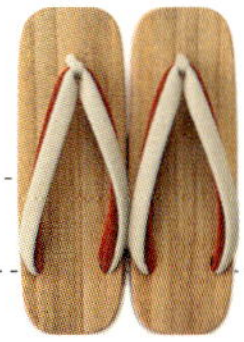

下駄
浴衣だけでなく、麻の着物にも似合う下駄。足もとが軽やかに見える。

秋

	11月	10月	9月
	袷		単衣
きもの	一越縮緬・紋綸子 →		← 絽縮緬
帯	塩瀬 縮緬・綸子 → 錦織・綴織・紬織		×< 絽 紗紬 博多織
長襦袢		←	← 絽 みらい襦袢 縮緬・綸子 →　← 麻
半衿	塩瀬 →		< 絽塩瀬 < 絽縮緬
帯揚げ	綸子・縮緬 →		← 絽縮緬 ← 綸子・薄手の縮緬 ×< 絽塩瀬
帯締め	→		← 袷用の細いもの
履物	エナメル台に縮緬鼻緒 → 革製台にエナメル鼻緒 →		エナメル台にエナメル鼻緒

花織《はなおり》

沖縄の伝統織物、花織は、光沢のあるさらりとした素材。単衣仕立てでもいいが、袷にすれば10月から5月まで着用期間は長い。

木綿

木綿のきものは単衣仕立てが基本。肌に優しい素材感は、単衣の時季にもおすすめ。地風《じふう》によっては秋冬も着用できる。

紬織

糸の太さや織り方によって風合いはさまざまだが、10月頃から翌年の5月頃まで締められる。夏は透け感のある紗紬を。

※帯締めにはさまざまな組み方があるが、通年使える万能帯締めは、冠組《ゆるぎ》と呼ばれるもの。何十色も作られているので、ワードローブに合う色を取り揃えておくと便利。

冬

2月	1月	12月

真綿紬

寒い時季に活躍するのは、やはり真綿糸を用いた真綿紬。真綿の暖かさに包まれてほっこり過ごせる。

鬼《おに》しぼ縮緬《ちりめん》

真綿紬

紬・御召・そのほかの織りのきもの

錦織

京都西陣で作られる錦織は、帯の定番中の定番。格調高い文様を織りだした礼装用の袋帯から名古屋帯まであるが、いずれも袷用。

綴織

緯糸《よこいと》で経糸《たていと》を包み込むように織る綴織は、基本的に礼装や略礼装に用いる。写真のモダンな帯はお洒落着にも。夏は絽綴《ろつづれ》を。

木綿織

温かみのある風合いは、袷の季節に向く。木綿のきものや紬のきものに合わせてカジュアルに。帯／銀座もとじ 和織

袷用の長襦袢の素材は、しぼの小さなさらりとした縮緬か綸子が主流。仕立て方は裏をつけた袷仕立てのほか、胴の部分だけ単衣仕立てにする方法も。

※縮緬の半衿はボリューム感があるので、冬に使うと衿もとを暖かく見せてくれる。真綿紬やしぼの大きい縮緬のきものなどに。

縮緬

袷用の帯揚げ

しぼの小さな縮緬や変わり織りの無地を自分のきものの色に合わせて、各色揃えておくと重宝。

袷用の帯締め

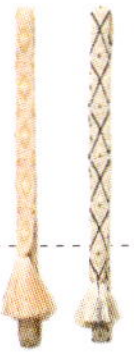

帯締めは季節に関係なく、袷用を用いてもよい。冬場は少し幅広で厚みのあるものを用いるとボリュームが出る。模様が入ったものもコーディネートのアクセントになって楽しい。

う〜〜
寒くなってきたら
コートやショールが
必要ね

袷用

濃い色の台に縮緬の鼻緒は、秋から冬のきもの姿をお洒落に見せてくれる。太めの鼻緒も温もりが感じられる。

きものと帯の文様

「流し」「流れ」

水の上を流れていくものを意匠化し、水の流れと組み合わせることで動きが生まれる。写真は華やかな衣装包みと流水を組み合わせたもの。ほかに、扇流し、菊流し、桜流しなど。

「子持《こも》ち」

大きさの違いなどを親子に見立てて表現。写真は大きな六角形の亀甲の内側に、小さな亀甲を並べた子持ち亀甲。ほかに、子持ち縞《じま》、子持ち格子《ごうし》など。

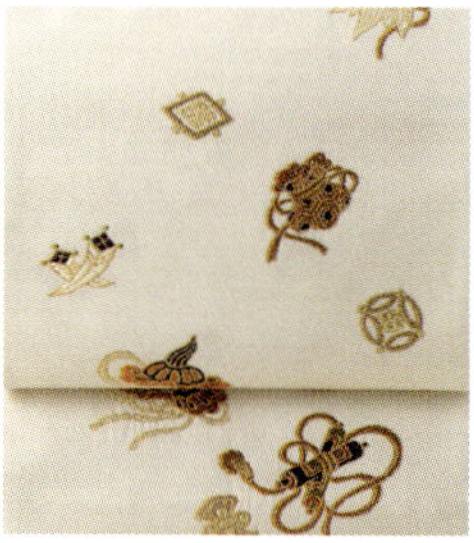

「尽《づ》くし」

１枚の布に、同じ種類の文様をたくさん集めて表現したときの呼び名。宝尽くし（写真）、菊尽くし、楽器尽くし、扇尽くしなど。

「繋《つな》ぎ」

文様を繋ぎ合わせたときの呼び名。もともと連続文様である亀甲や七宝を、あえて亀甲繋ぎ、七宝繋ぎと呼ぶほか、切り離せない吉原《よしわら》繋ぎ、鎧《よろい》繋ぎなど。写真は七宝の形を連続させた七宝繋ぎ。

「雪持《ゆきも》ち」

植物の枝や葉に雪が降り積もった様子を表現した文様。写真は梅の枝に雪が積もった雪持ち梅。ほかに、雪持ち笹、雪持ち柳、雪持ち椿など。

「取《ど》り」

形を面で切り取ったときの接尾語。写真は道長《みちなが》取《ど》りといい、和紙を手でちぎって貼り合わせた形を表現した文様。藤原道長が好んだことからこの名がある。ほかに、雲取り、色紙取りなど。

「捻《ねじ》」

花びらに用いられるアレンジで、中心から捻ったように花びらが一方向に向いている文様。写真は花びらが重なり、中心から回転させた捻梅《ねじうめ》で、輪郭の表情に特徴がある。ほかに、捻菊、捻花など。

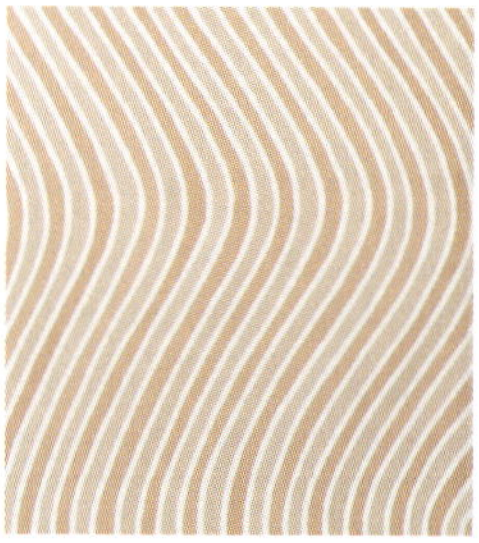

「よろけ」

まっすぐな線ではなく、よろけて波を打っているように線を表現したもの。代表的なよろけ縞（写真）のほか、よろけ檜垣《ひがき》、よろけ藤《ふじ》などもある。

「破《やぶ》れ」

連続模様のところどころがまるで破れたかのように、中断されたときの表現。破れ亀甲、破れ麻の葉（写真）など。

「散《ち》らし」

全体に文様を散らしたもので、小紋のきものによく見られる。松葉散らし（写真・敷松葉とも）、桜散らしなど。

きものや帯の柄のことを、文様といいます。選ぶときの大きさのポイントになるものですが、この文様の中にも季節感や格（フォーマル向きなど）があります。さらに、文様の意味やいわれなどを知ると、きもの選びがもっと楽しくなるでしょう。

文様は多種多様ですが、和装の定番文様といえば、吉祥《きっしょう》文様や正倉院文様、有職《ゆうそく》文様、名物裂《めいぶつぎれ》文様。ほかに、植物、動物、自然、器物《きぶつ》、直線や曲線の組み合わせなどがあります。

文様は1つとは限らず、数種類を組み合わせたものやアレンジも見られます。ここでは和装の文様に多く使われている代表的なアレンジパターンを紹介します。基本となるモチーフをアレンジしたものですが、それらの文様を表現するときには、「繋ぎ」「尽くし」「子持ち」など独特の接頭・接尾語をつけます。

吉祥文様《きっしょうもんよう》

人は、幸せであってほしいという気持ちを、古来からきものや帯に表現してきました。それがおめでたい吉祥文様です。吉祥とは「よい前兆」という意味で、ルーツは中国ですが、平安時代にはすでに日本独特の文様が生まれていたといわれています。

宝船

（たからぶね）

米俵《こめだわら》や宝珠《ほうじゅ》などの宝物を積んだ帆掛《ほか》け船を文様化したもの。昔は正月2日の夜に、宝船の絵を枕の下に置いて寝ると、縁起のよい夢を見るといわれ、そのようにする習慣もありました。

束ね熨斗

（たばねのし）

延寿の象徴、「のしあわび」に見立てた細い帯を数本束ねて文様化したもので、束熨斗《つかのし》とも。帯の中に華やかな文様が描かれています。

宝尽くし

（たからづくし）

宝物を散らした文様。室町時代に中国から伝わり、日本風にアレンジされました。打出《うちで》の小槌《こづち》、隠れ蓑《みの》、隠れ笠、金嚢《きんのう》などのモチーフに、松竹梅を組み合わせたものも。

熨斗蝶

（のしちょう）

熨斗を蝶の形に見立てた文様。写真は熨斗紙を蝶の形にしていますが、束ね熨斗を蝶の形にしたものもあります。蝶が長寿を意味することから、吉祥文様になりました。

折り鶴

（おりづる）

「鶴は千年、亀は万年」といわれるように、どちらも長寿の象徴。古代中国では鶴は瑞鳥《ずいちょう》とされ、日本でも吉祥文様として用いられてきました。千羽鶴、飛鶴《とびづる》、雲鶴《うんかく》なども。

松

（まつ）

古代中国では風雪に耐えながら、一年中緑色を保つ松は長寿の象徴。日本でも、おめでたい木として正月には門松に。葉の色が変わらないことから常磐木《ときわぎ》とも呼ばれます。

福禄寿

（ふくろくじゅ）

福をもたらす神様として、日本で信仰されている七福神。その中の一つがこちらの福禄寿。背が低くて頭が長く、長い髭《ひげ》を生やし、杖《つえ》に経巻《きょうかん》を結んでいます。

松竹梅

（しょうちくばい）

中国から伝わった吉祥文様の代表で、祝儀の定番。厳寒の中でも緑を絶やさない松、まっすぐにのびる竹、早春に花を咲かせる梅は「歳寒三友《さいかんさんゆう》」として尊ばれました。

檜扇

（ひおうぎ）

平安時代の貴族の装身具に使っていた扇を檜扇といいます。女性用には美しい大和絵《やまとえ》が描かれています。檜《ひのき》の薄い板の上部を絹糸で綴じ、左右に長い紐飾り付き。

正倉院文様《しょうそういんもんよう》

奈良時代に建立された東大寺の大蔵（朝廷の倉庫）を正倉院といいます。聖武《しょうむ》天皇ゆかりの西アジアや中国伝来の染織品（正倉院裂《ぎれ》）が豊富で、本来はこの裂の文様を正倉院文様と呼びますが、正倉院全体の宝物を文様化したものも含まれる場合があります。

狩猟文

（しゅりょうもん）

馬上の人物が獅子《しし》や鹿《しか》、羊《ひつじ》、猪《いのしし》、兎《うさぎ》などの動物を弓で射る様子を表現した文様。写真は法隆寺の獅子狩《ししかり》文錦《もんにしき》をモチーフにしたもので、連珠文の中に騎馬人物入り。

鳳凰文

（ほうおうもん）

正倉院御物《ぎょぶつ》の代表的な文様。細長い顎《あご》と両足を広げて舞い飛ぶ鳳凰の姿は、奈良・飛鳥時代の特徴。その後、鳳凰の姿は意匠化され、草木と組み合わせたものも。

連珠文

（れんじゅもん）

古代ペルシャで作られたもので、小さな玉を連ねた円形の文様。円内には獅子《しし》や騎馬人物《きばじんぶつ》、鳥獣などが配され、法隆寺や正倉院に残る織物によく見られます。

六弁華文

（ろくべんかもん）

花を文様化したもので、花びらが6枚あることからこの名があります。中国伝来の正倉院文様の華文は空想の花がモチーフですが、平安時代に花を和風化して8弁に。

唐草文

（からくさもん）

蔓草《つるくさ》がからみ合って曲線を描いていく文様で、草のほか花や果実をあしらったものも見られます。中国伝来ですが、もとはギリシャやローマの連続文様から発展したとの説も。

蜀江文

（しょっこうもん）

３世紀に中国で栄えた蜀《しょく》の首都を流れる川を蜀江といいます。華文《かもん》などを配した八角形や四角形で隙間なく構成された文様で、斜め方向に繋ぎ合わせたものが主流です。

花四菱鳥襷文

（はなよつびしとりだすきもん）

菱形を斜めに繋げた連続文様は、有職《ゆうそく》文様のような優しい印象です。斜線を花文で繋ぎ、菱形の中に鳥が配されています。もとは﨟纈《ろうけつ》で染められていました。

葡萄唐草文

（ぶどうからくさもん）

葡萄の蔓を唐草文の主軸として、実と葉を組み合わせた文様。古代中国では、多くの種子を持つ葡萄は、柘榴《ざくろ》とともに豊穣の女神とされました。飛鳥時代に日本に伝えられました。

宝相華文

（ほうそうげもん）

インドから中国の唐《とう》を経て、天平《てんぴょう》の頃に伝来された空想の花。牡丹《ぼたん》や芍薬《しゃくやく》、芙蓉《ふよう》などの美しい花の部分だけを組み合わせたものともいわれます。仏教の装飾にも。

有職文様《ゆうそくもんよう》

平安時代、教養豊かなことを「ゆうそく（平安時代は有識の文字をあてました）」と表現しました。現在は当時の公家階級の装束、調度品、牛車《ぎっしゃ》などの装飾に用いたものを有職と呼んでいます。衣服の文様は正装の織り文様で、中国から伝わり日本でアレンジされた地紋が主流です。

桐竹鳳凰文

（きりたけほうおうもん）

架空の鳥、鳳凰は桐の木に棲《す》み、竹の実を食べるとされる中国の伝説から生まれた文様。かつては天皇専用とされていましたが、現在は自由にアレンジされています。

亀甲文

（きっこうもん）

正六角形の幾何学文様を四方に繋いだもので、亀甲繋ぎともいいます。もっともシンプルな文様で、日本では亀の甲羅《こうら》にたとえられます。亀甲と花を組み合わせたものも。

七宝文

（しっぽうもん）

同じ大きさの円を円周の4分の1ずつ重ねていく文様で、有職文様では輪違《わちが》いとも呼びます。円形は円満を表すことから吉祥文様ともされ、七宝を繋いだ七宝繋ぎが主流。

毘沙門亀甲

（びしゃもんきっこう）

正六角形を上下左右に繋いだ亀甲を山形状に3つ組み合わせ、繋いで文様化したもの。仏像の毘沙門天の甲《かっ》冑《ちゅう》の文様に使われたことから、この名がついたという説も。

浮線綾文

（ふせんりょうもん）

糸を浮かせて文様を織りだした綾《あや》織物。基本の文様構成は、円形の中央に大きく×字花文を配し、その上下左右に唐花《からはな》文の上部、唐花文の間に四弁花文の半分をあしらいます。

雲立涌

（くもたてわく）

波状の曲線を向かい合わせに並べて、膨らみとくぼみを繰り返す文様を立涌といいます。その立涌の中にさまざまな模様が配され、こちらは瑞《ずい》雲《うん》があしらわれています。

花菱文

（はなびしもん）

花びら4枚で菱形を形づくっている文様で、ほかの文様と組み合わせて使われることも。花菱を4つ集めて1つの菱形にしたものは四つ花菱（写真）といい、白生地や帯の地紋にも。

鱗文

（うろこもん）

正三角形、または二等辺三角形を連続して並べた文様。三角形が連なる様子を魚や蛇《へび》の鱗に見立てて、この名がつきました。単純で描きやすいので、世界各地で見られます。

松立涌

（まつたてわく）

立涌の膨らみの中に、若松を配した文様。若松は芽生えたばかりの若い松で、新鮮さと将来性の象徴を表します。その若松を立ち上る雲気の中にあしらった吉祥文様の一つ。

名物裂文様《めいぶつぎれもんよう》

茶器の仕覆《しふく》や掛軸《かけじく》の表装、袱紗《ふくさ》などに用いられる裂地《きれじ》のことを名物裂と呼び、その裂をモチーフにしたものが名物裂文様です。これらの多くは、貿易品として中国経由で日本に伝えられました。茶道の世界だけでなく、きものや帯の文様に生かされています。

角倉文

（すみのくらもん）

花樹の下で振り向いている兎《うさぎ》を横に並べた愛らしい文様で、名物裂の呼び名では花兎金襴《はなうさぎきんらん》といいます。桃山時代の豪商、角倉了以《すみのくらりょうい》が愛用したことから角倉文、角倉金襴とも。帯の文様に見られます。

荒磯文

（ありそもん）

波間を躍る鯉の姿を表現した文様で、「あらいそ」とも読みます。名物裂では金襴、銀蘭《ぎんらん》、緞子《どんす》などに織りだされ、中国明代《みんだい》の作と伝えられています。岩や千鳥、松などを組み合わせたものも。

吉野間道

（よしのかんとう）

細い縞に囲まれた太い縞と、横に織りだされた真田紐《さなだひも》状の浮き織りが立体的な独特の文様。京都の豪商で茶人の灰屋紹益《はいやしょうえき》が島原の名妓、吉野太夫《たゆう》に贈った裂と伝えられ、それが名前の由来です。

有栖川文

（ありすがわもん）

鹿を変わり襷《だすき》や菱形、八角形などで囲んだ文様。有栖川宮家が所有していた有栖川錦に見られるため、この名がつきました。鹿のほかに、馬や飛龍をあしらったデザインも。

牡丹唐草

（ぼたんからくさ）

大輪の牡丹を唐草状にあしらうことで、空間を隙間なく埋めた文様。牡丹は奈良時代に中国からもたらされ、さまざまに文様化されて現代に伝えられています。和装の定番文様の一つです。

笹蔓緞子

（ささづるどんす）

中国の明から伝えられたとされる名物裂。笹の枝葉と六弁花、やや楕円形の松毬《まつかさ》を蔓の形にした文様です。笹は竹と同じように清楚で格のある意匠で、主に小紋柄のきものや帯に用いられます。

自然文様《しぜんもんよう》

きものや帯に用いられる自然のモチーフには、月、星、雲、雪、波、風景などがあります。その中には霞《かすみ》や雨、流水など、形としてとらえにくいものもありますが、日本人の美意識によって、見事に図案化され表現されています。

波

（なみ）

寄せては返す海の波は、変化する形に合わせて、波頭《なみがしら》、大波、小波、白波《しらなみ》、立浪《たつなみ》、荒波《あらなみ》、遠波《とおなみ》、片男波《かたおなみ》、怒濤《どとう》などのさまざまな名前がついています。写真は大波に白い波頭が表現されたもの。

エ霞

（えがすみ）

霞のたなびいている様子を、カタカナのエの字のような形に表現した文様です。横長で膨らみを持っているのが特徴で、エ霞の中に季節の草花や松竹梅、宝尽くしなどを配することもあります。

雪輪

（ゆきわ）

雪の結晶を7弁の丸い花のような形にデザインした文様。大きな7つのくぼみが特徴で、その中に季節の草花や幾何学模様などを詰めたものも多く見られます。きものや帯、浴衣、小物の柄にも。

器物文様《きぶつもんよう》

扇、文箱《ふばこ》、色紙、短冊、楽器、御所車など、形の美しい平安貴族の調度品や生活用具をモチーフにしたものを器物文様といいます。江戸期以降は町人好みも登場し、伝統のものだけでなく、現代の年中行事や生活雑貨も文様化されています。

矢羽根

（やばね）

矢羽根とは、矢の上部につける鷲《わし》や鷹《たか》などの羽根のことで、形や斑文《はんもん》がおもしろいことから文様化されてきました。写真は正倉院御物の投壺《とうこ》と呼ばれる遊具の矢を、帯に織りだした華やかな文様。

格天井

（ごうてんじょう）

神社仏閣に多く見られる天井の組み方の一種で、角材を格子形に組み、板を張ったものを格天井といいます。格子の中には、四季の草花があしらわれ、現代は主に礼装用の帯に用いられます。

貝桶

（かいおけ）

貝合わせは上流階級の女子の遊びの一つ。その貝を入れる美しい器を貝桶といいます。貝桶は六角形か八角形の筒型で、脚付き。表面には雅な蒔絵《まきえ》が施され、朱色の房付きの紐で結ばれています。

立雛

（たちびな）

平安時代から続く流し雛の習慣は今も行われ、雛は立った姿の紙製の立雛です。江戸時代に雛祭りが盛んになり、この頃から立雛が文様化されて、きものや帯に用いられるようになりました。

色紙

（しきし）

色紙は和歌や俳句、絵などを書く方形の厚紙です。それを散らして文様化したもので、色紙の中には季節の草花、風景、幾何学模様などが描かれています。大小の色紙を数枚重ねて表現されます。

蔓帯

（かずらおび）

能装束《のうしょうぞく》で女役が頭に巻いて、背中に長く垂らす幅4cm、長さ2mほどの装飾用の帯を蔓帯といいます。きものや帯の文様では、幅広のリボン状の紐をのびやかにあしらったものが主流です。

縅毛

（おどしげ）

武士が身につける甲冑《かっちゅう》の鎧《よろい》の製造様式のことを縅といい、小札板《こざねいた》を革や糸で上下に結び合わせます。その縅に使う紐を縅毛と呼び、色や形のおもしろさから文様化されました。袋帯の文様に見られます。

文箱

（ふばこ）

手紙を入れるための美しい箱を文箱といいます。古くは書状を入れて運ぶ箱でしたが、中世以降は手紙類を入れて往復する箱に用いられました。雅な蒔絵や螺鈿《らでん》などが施されています。

地紙

（じがみ）

地紙とは扇に張る紙のことです。地紙の美しい形は、扇とはまた別のモチーフとして、古くから能装束や小袖の文様に使われてきました。地紙の中に、草花や器物を入れてさらに華やかに表現されます。

絹子の勘違い

やった〜!!
この間
大奮発して
買った
「大島紬」の
出番ね♪
Wedding Invitation
当日は式にもご参列ください
HOTEL
ムフッ♡
えっ!?
こちらの
おきもので
結婚式に?
この大島
気に入って
るんですよ♡
新郎新婦の
お母さまは
お2人とも黒留袖…
振袖に訪問着の方も…
私、浮いてる!?
けげん〜…
キラ
キラ〜
キラ
キラリン
もう居心地悪くて
帰りたかったです
空美先生〜
私、今回は何が
ダメだったんでしょう?
紬で結婚式に
出ちゃったの?
どんなに高価でもね
「織り」のきものは「普段着」。
招待してくださった方にも
失礼なことなんですよ。
結婚式には訪問着や
付け下げですね〜
ヒョエッ!?
ハア〜

第5章

着付けとお手入れ

自分できものを着てこそ、
きもののよさが実感できます。
そして、次も気持ちよく着るために、
ひと手間かけて
慈しんであげましょう。

森田空美の はじめてきもの きほん事典

お稽古を
続けていけば
必ず上手に
なりますよ。

なかなか
きれいに
着られなくって…

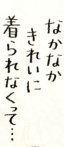

きものの各部の名称

きものは袖、身頃、衽、衿などの各パーツを縫い合わせて作られます。各パーツにはきもの独特の名前がついていますが、名称を覚えておくと、着付けをする上でも役立ちます。

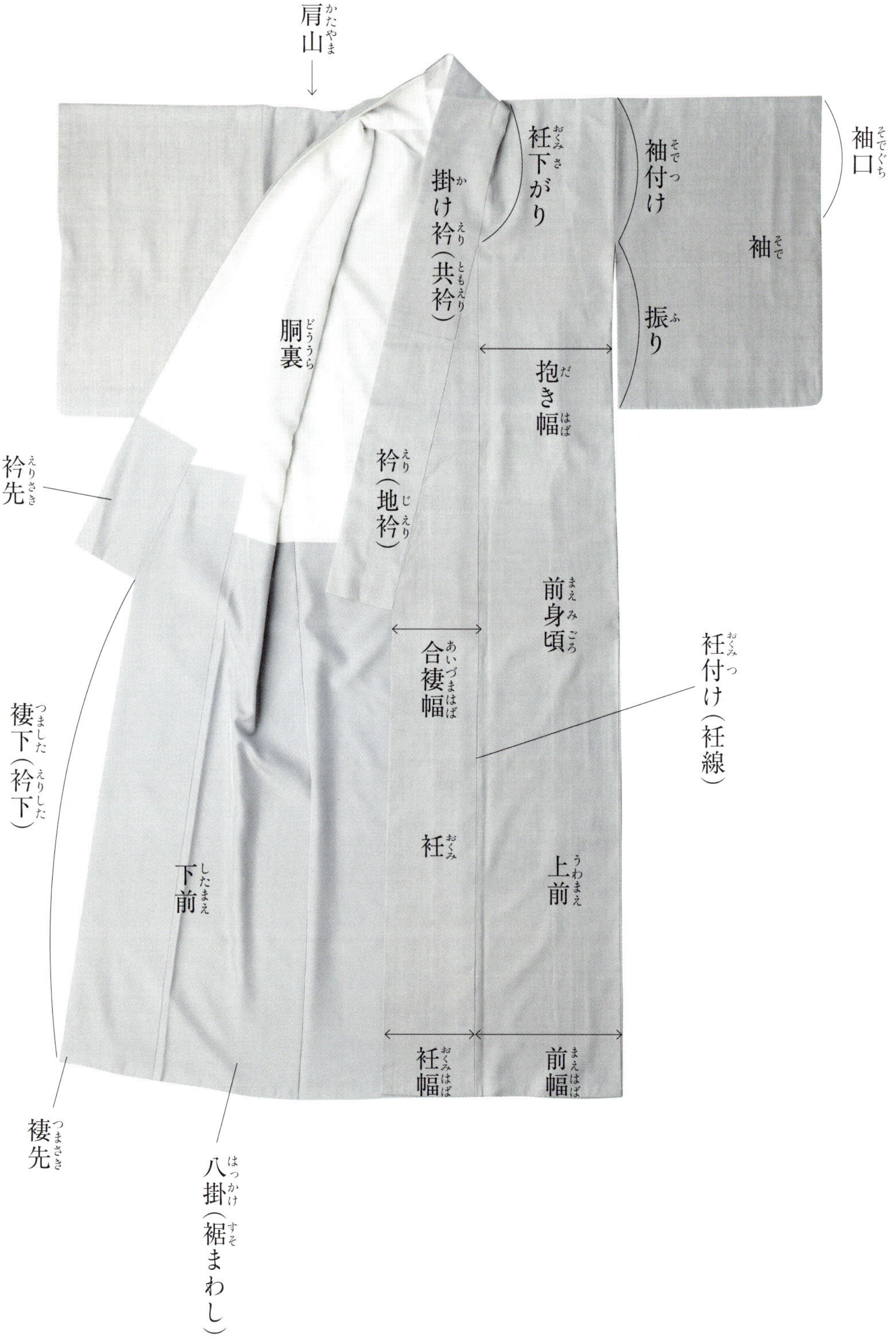

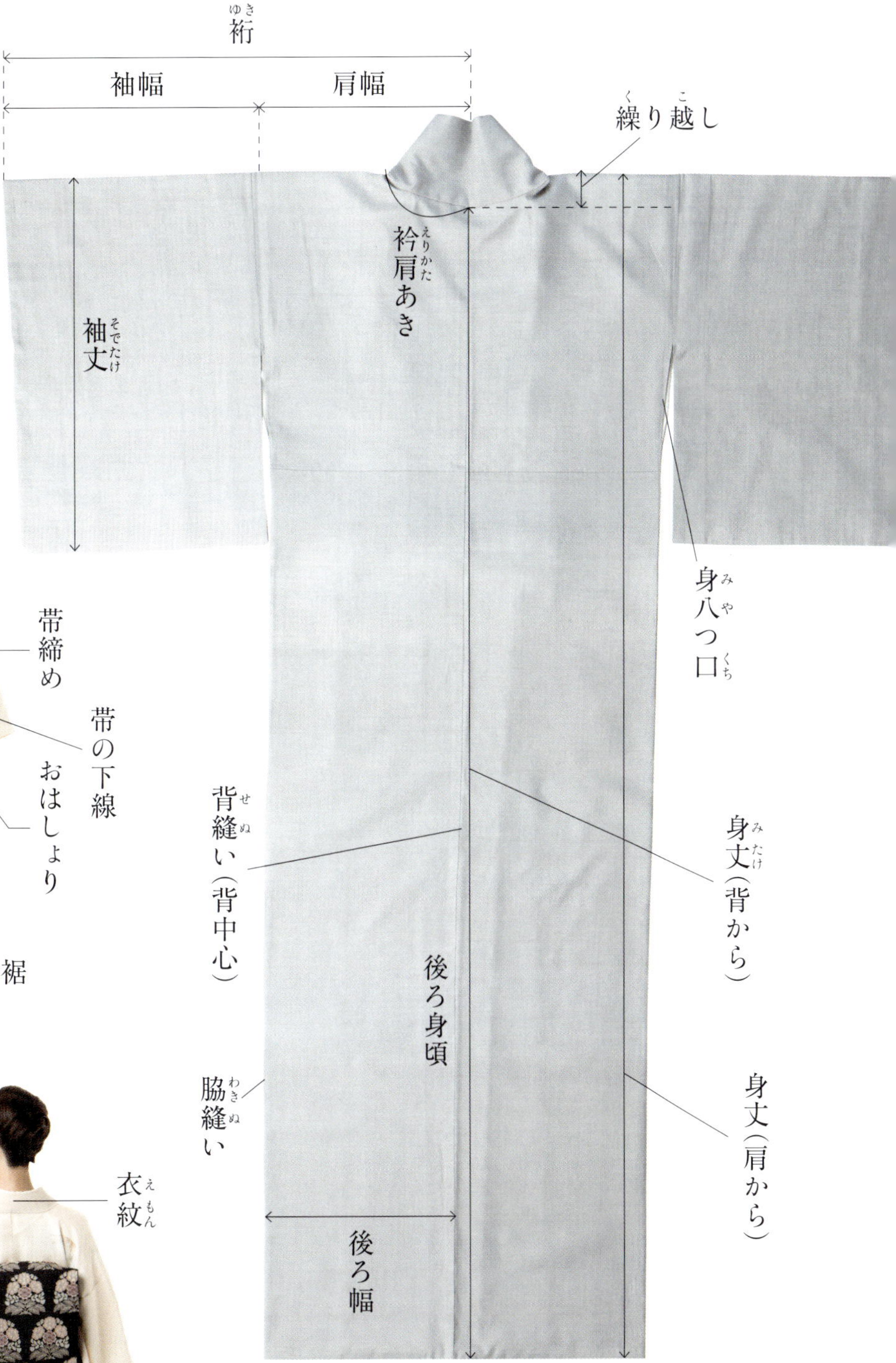
裄《ゆき》
袖幅
肩幅
繰《く》り越《こ》し
衿肩《えりかた》あき
袖丈《そでたけ》
身八《みや》つ口《くち》
背《せ》縫《ぬ》い(背中心)
身丈《みたけ》(背から)
後ろ身頃
脇《わき》縫《ぬ》い
身丈(肩から)
後ろ幅

半衿
帯の上線
帯揚げ
帯締め
帯の下線
おはしょり
前帯
裾

衣紋《えもん》
お太鼓《たいこ》
決め線
たれ先

着付けに使用するもの

着付けに必要なものは、全部で14アイテム。着付けの小物も最小限に、ごく一般的なものを使って、きれいに着付けるのが森田流着付けの特徴です。スムーズに着付けられるよう、手順を考えてコンパクトに並べておきます。

帯《おび》締《じ》め

帯結びの形を保ち、支えるのに使います。

帯《おび》揚《あ》げ

帯枕を包み、前帯の上側ときものとの隙間を覆います。

帯枕《おびまくら》

紐は外し、体に結べる長さの薄いガーゼで包み、軽く縫い止めます。ガーゼが紐になります。

帯《おび》板《いた》

名古屋帯にも袋帯にも同じものが使えます。柔らかく、前帯に段差ができない長さのものを選びます。

伊《だ》達《て》締《じ》め

整えた衿を押さえるもので、正絹の博多織のものを選びます。2本使います。

腰《こし》紐《ひも》・仮《かり》紐《ひも》

締まりがよくて弾力があるモスリン製を選びます。半分に折ってから巻いて、真ん中をすぐに取れる形にしておきます。腰紐用と、帯結びの仮紐用に2本使います。

クリップ

長襦袢の衿ときものの衿の重なり具合を調整し、着付け中に背中心がずれないように使います。

長《なが》襦《じゅ》袢《ばん》

衿芯と半衿を縫いつけておきます。

肌《はだ》襦《じゅ》袢《ばん》

肌に直接ふれるので、汗を吸収して通気性のある晒《さら》しやガーゼ素材を選びます。

裾《すそ》よけ

腰に巻きつける肌着で、体型カバーの役割もあります。

きもの

余計なしわがないかを確認して、袖丈で屏風だたみにしておきます。

帯《おび》

屏風だたみにしておきます。袋帯はて先を半幅に折って、徐々に幅をずらしながら幅出しをしておきます。たれの部分は広げてたたみます。

補《ほ》整《せい》用《よう》品《ひん》

ウエストのくびれをなだらかにします。まず、縦に三つ折りにした薄手のタオルを、厚手のガーゼで包みます。その真ん中を、もう1枚の薄手のタオルを折りたたんではさみます。

足《た》袋《び》

靴と同じサイズかワンサイズ下を選びます。外側に折り返して、はきやすい形にしておきます。

半衿のつけ方

ここで紹介する半衿のつけ方は、まず衿芯を縫いつけて、次に半衿をつける方法です。衿芯が浮き上がらず、半衿や長襦袢の衿となじんで、柔らかな衿もとになります。わかりやすいように色糸を用いましたが、実際には白糸を使いましょう。

待ち針を打つ順番

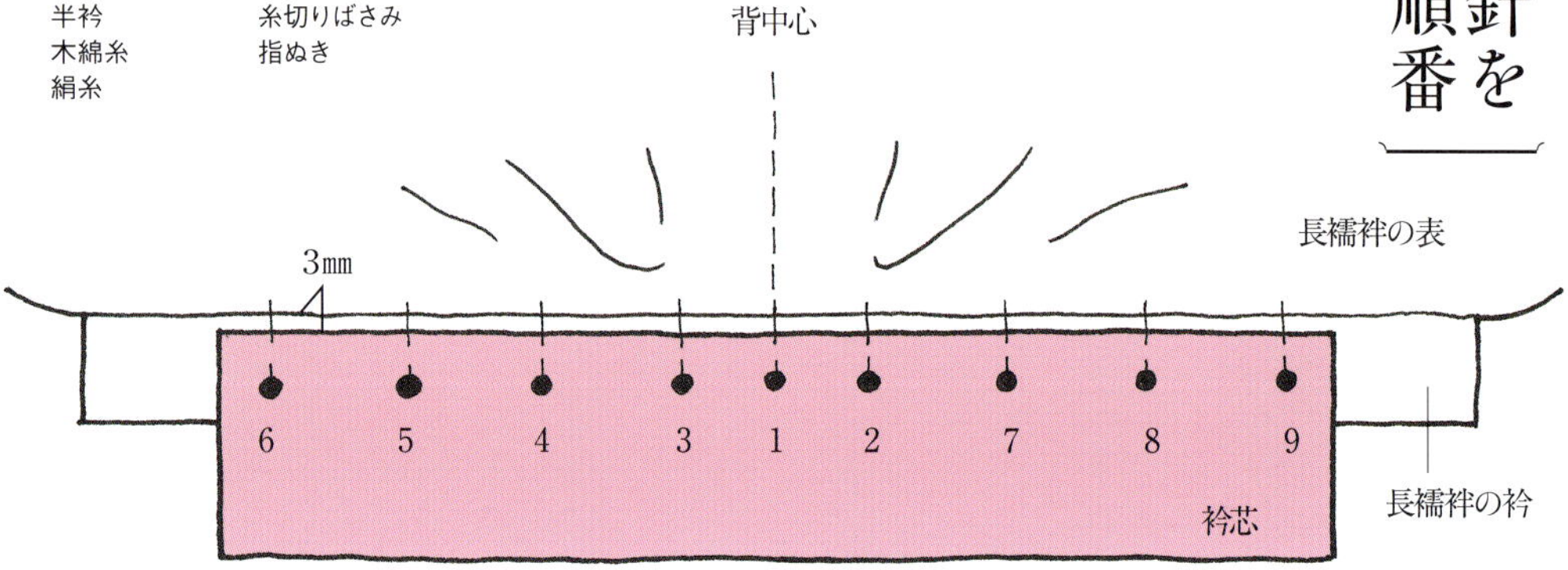

背中心
長襦袢の表
3㎜
6
5
4
3
1
2
7
8
9
長襦袢の衿
衿芯

必要なもの

- 長襦袢
- バイアス衿芯
- 半衿
- 木綿糸
- 絹糸
- 待ち針
- 縫い針
- 糸切りばさみ
- 指ぬき

アイロン台を使うと便利です

1
長襦袢の表側の衿を作業台に広げます。衿の際《きわ》から3㎜ずらして衿芯を置き、上の図にある順番で待ち針を打ちます。

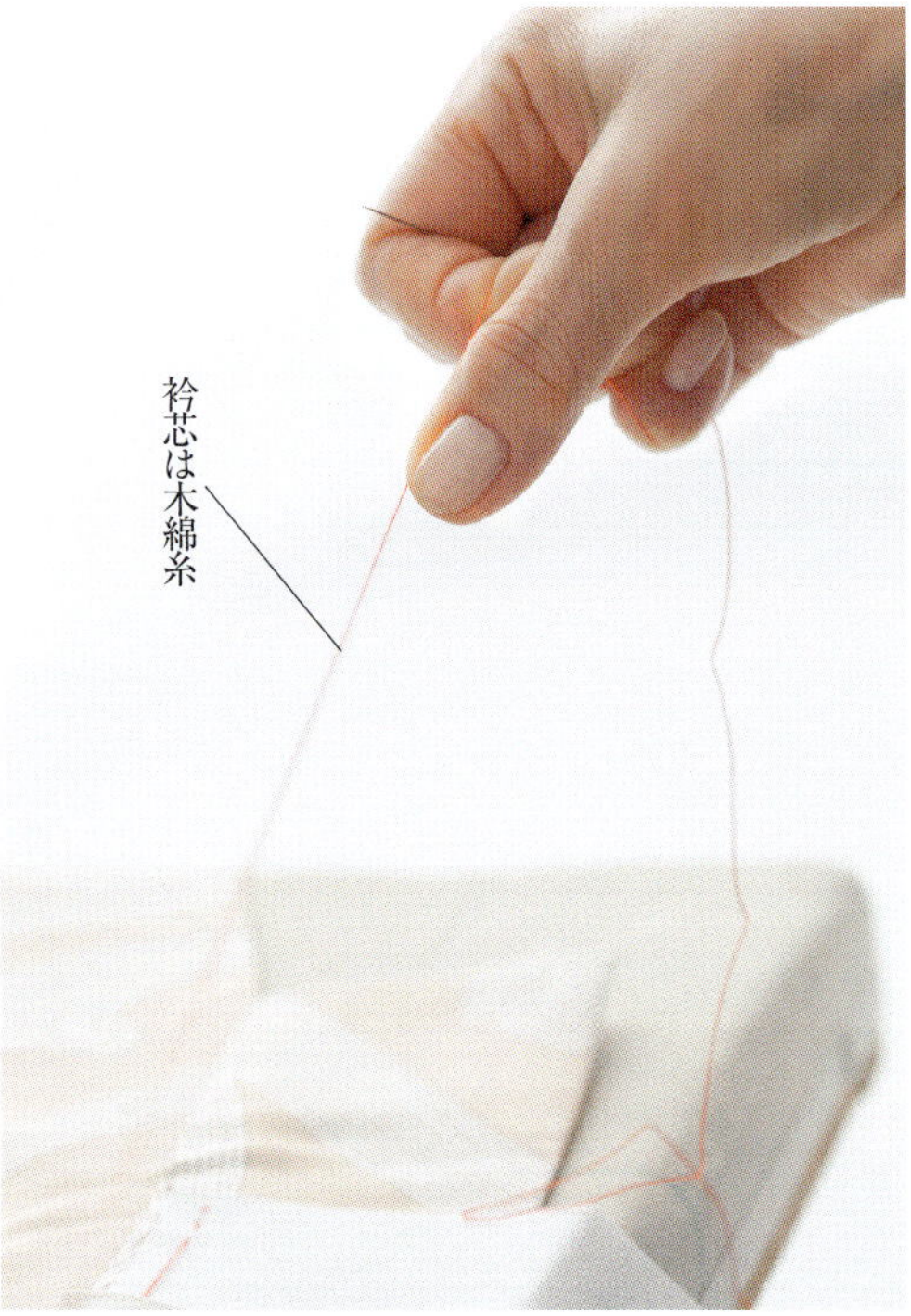

衿芯は木綿糸

2
針に木綿糸を通し、糸をピンと張って親指ではじき、縒《よ》りを正します。絹糸も同様にしますが、こうすることで糸がからみにくくなります。

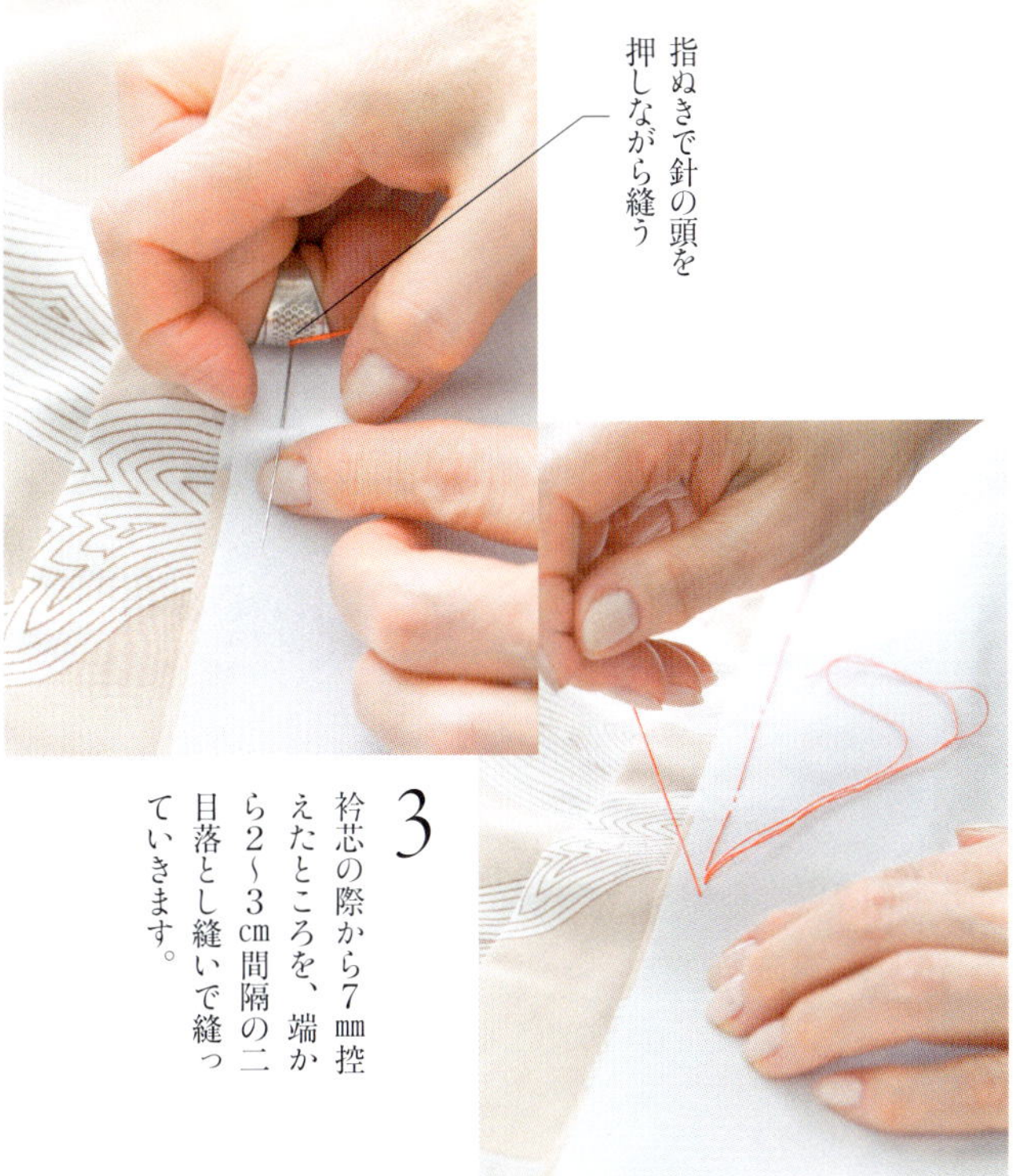
指ぬきで針の頭を押しながら縫う

3
衿芯の際から7㎜控えたところを、端から2～3㎝間隔の二目落とし縫いで縫っていきます。

衿芯がつきました!

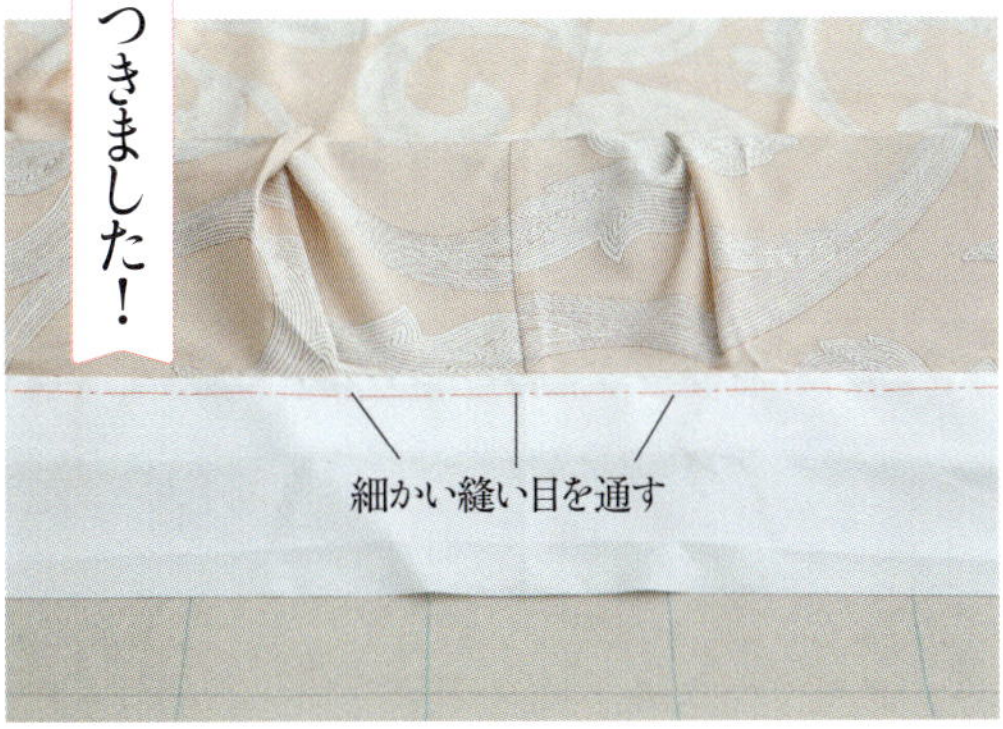
細かい縫い目を通す

4
力がかかる背中心と、左右の衿肩あきのところには、細かい縫い目がくるようにします。

半衿は絹糸
半衿の裏

5
次に半衿をつけますが、絹糸を用います。半衿の両端を折り返し、二目落とし縫いなどで簡単に縫っておきます。

3㎜控えたところに、半衿の縫い目を通す

6
半衿の幅を1㎝ほど内側に折り、長襦袢の衿の際に衿芯と同様の順番で、待ち針を打ちます。

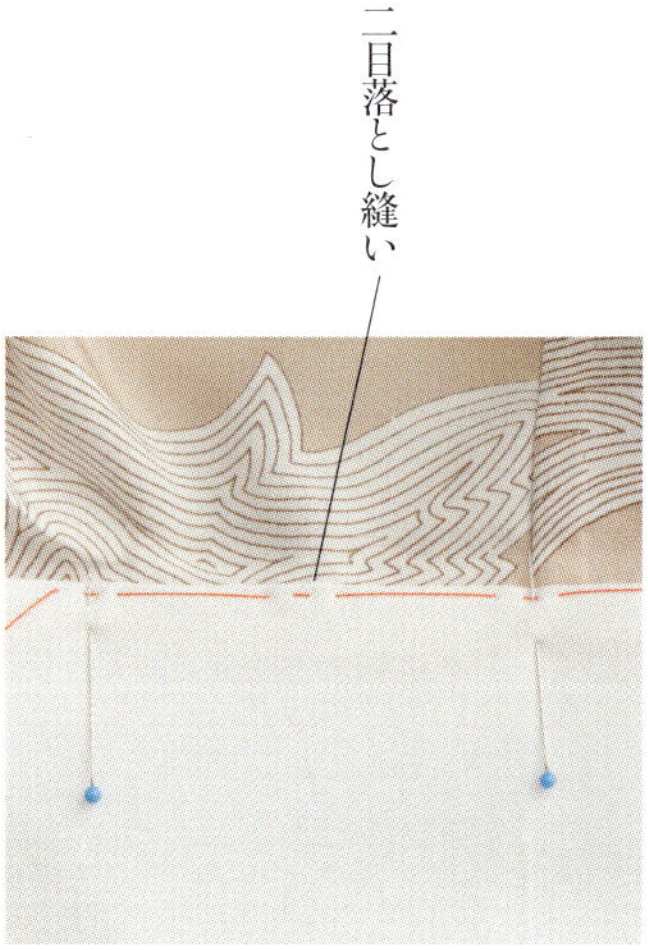

7

半衿は衿芯にかからないように、長襦袢の衿に直接縫いつけます。

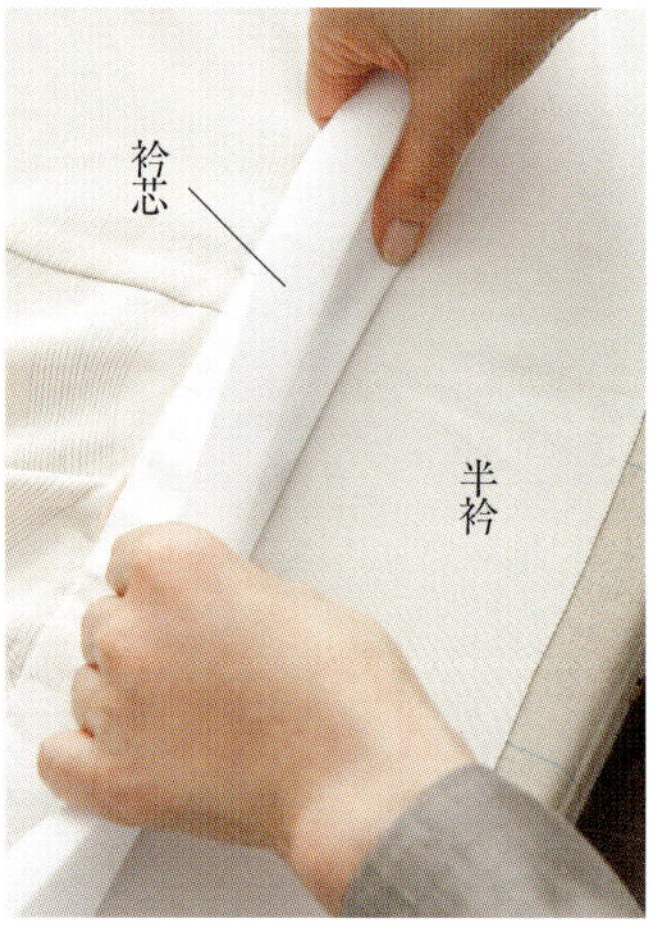

8

長襦袢の裏側を出し、衿幅に合わせて衿芯を折ります。

9

衿芯は長襦袢の衿幅より広い分を、内側に折り込みます。

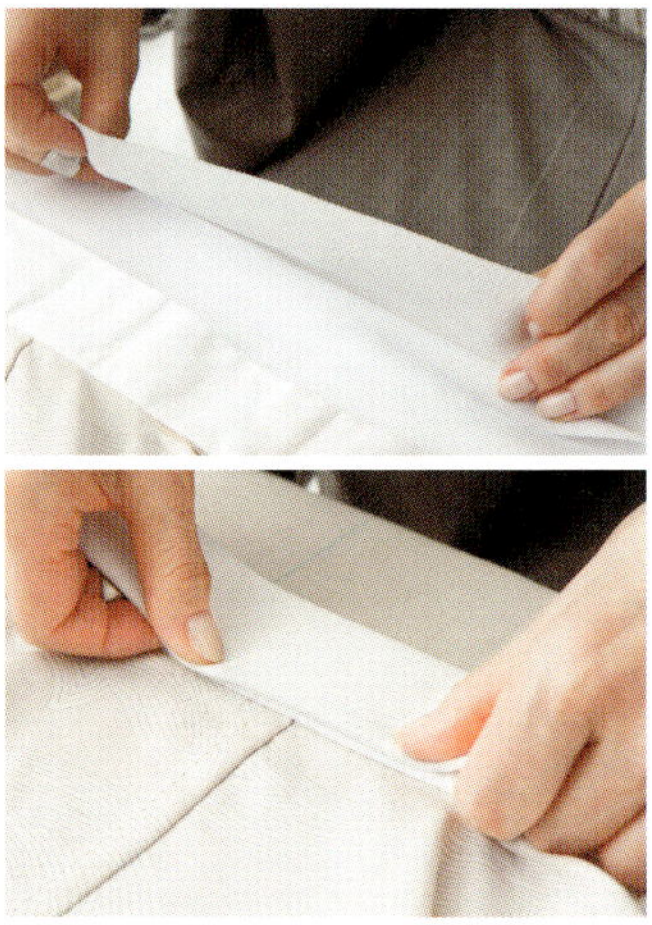

10

衿芯を半衿で包んでしわが出ないように、生地を張りながら折ります。

11

まず、背中心に待ち針を打ちます。衿肩あきのところは、半衿で包んだ衿芯を引っ張ってつらせ、待ち針を打ちます。

12

左右の衿肩あきを同様にし、続く左右も間隔を開けて待ち針を打ちます。

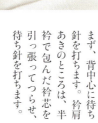

裏面のつけ方

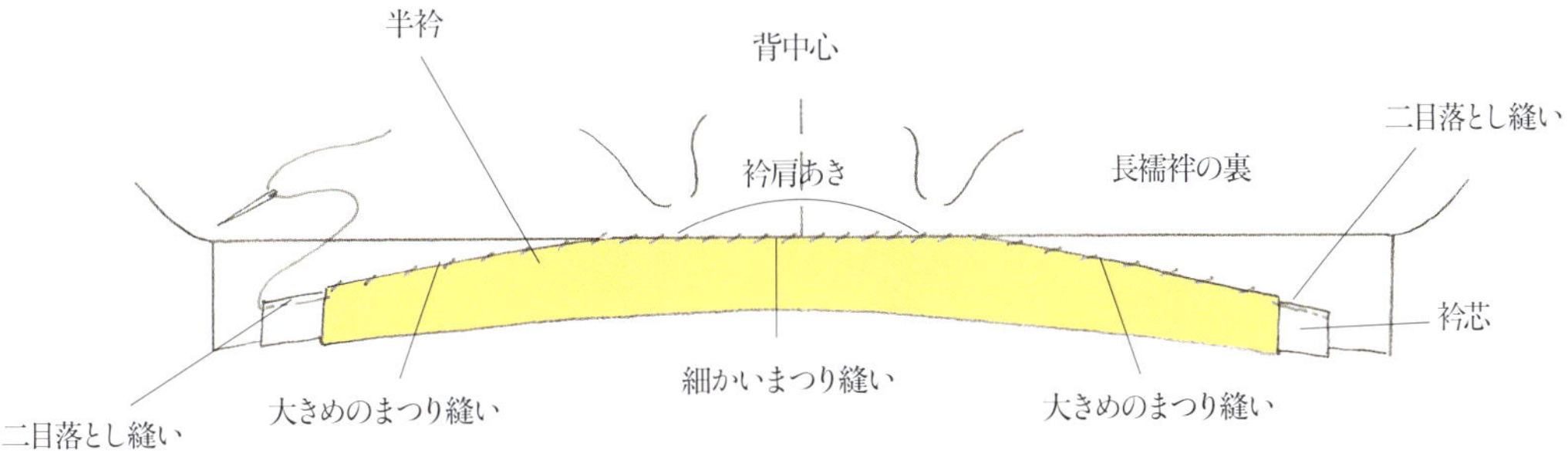
半衿
背中心
衿肩あき
長襦袢の裏
二目落とし縫い
衿芯
二目落とし縫い
大きめのまつり縫い
細かいまつり縫い
大きめのまつり縫い

二目落とし縫い
衿芯

13 半衿から衿芯の端が出ている場合は、二目落とし縫いで留めます。

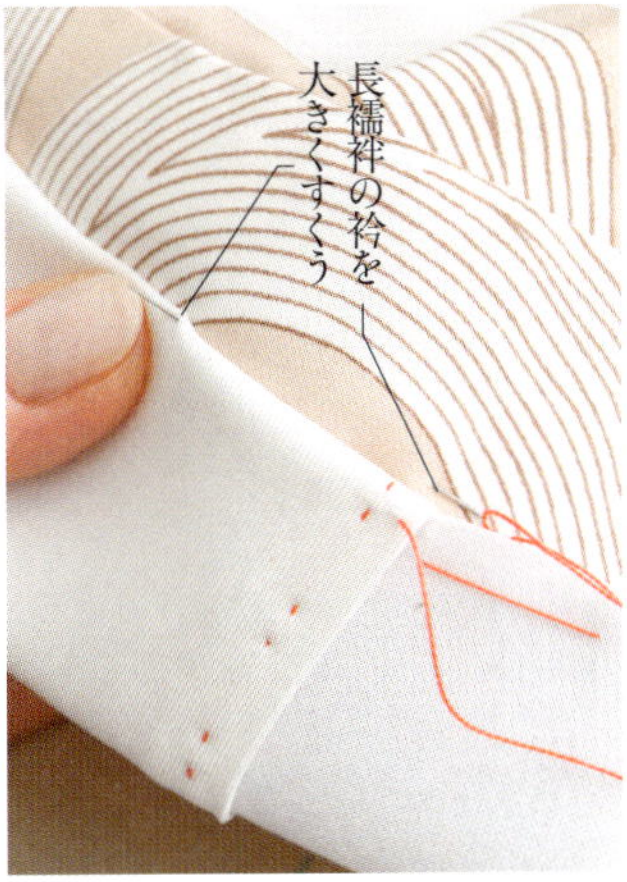
長襦袢の衿を大きくすくう

14 半衿を2〜3㎝間隔のまつり縫いで留めます。長襦袢の衿を大きくすくい、半衿の下から針を通します（衿芯には針を通さない）。

衿芯にも針を通す

15 衿肩あきのあたりから針目を細かくし、衿芯も一緒にすくってまつり縫いをします。ここはしっかり留めましょう。

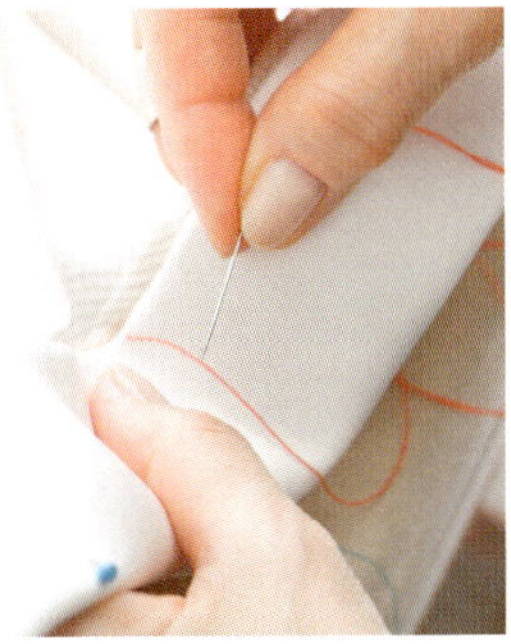

16 衿肩あきは、左手の親指でカーブを作りながら、つりぎみに縫います。できるだけ縫い目を垂直に細かくまつり縫いをします。

17 衿肩あきのところを自然なカーブに縫うと、しわのない衿もとに仕上がります。上の図のように、端まで縫って完成。

でき上がり

下ごしらえをする

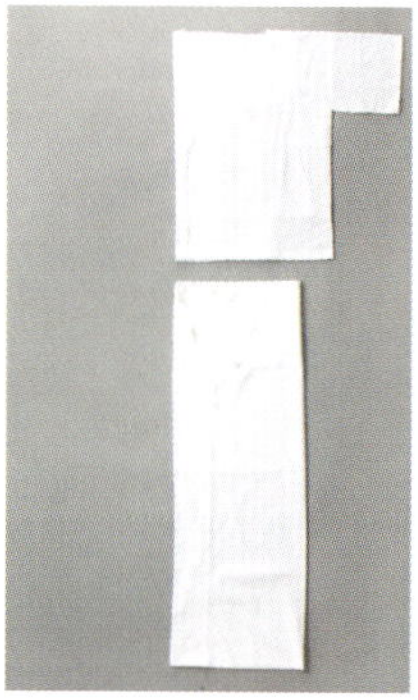

肌襦袢と裾よけは同じデザインで夏用もあります。肌着は直接体に触れるものなので、暑い時季には、楊柳《ようりゅう》などの通気性に優れた素材を選ぶと快適に過ごせます。

肌着のつけ方

裾よけを身につける前に、足袋をはいておきます。肌着には体型をカバーする役割もあるので、ポイントを理解して丁寧につけます。補整をした後、肌襦袢の衿が長襦袢からはみ出ないよう、最後に肌襦袢の両脇を少し下に引いて整えます。

Step 1

晒しの部分でお腹を引き締めるようにして下前、上前の順に合わせます。裾すぼまりのシルエットになるよう、上前の紐の付け根を少し持ち上げてから紐を後ろで交差させます。紐を前にまわして左脇で片輪《かたわな》結びにします。

Step 2

ブラジャーなどはつけずに肌襦袢を着て、後ろの衣紋《えもん》を多めに抜きます。衿は下前、上前の順にバストを包み込むように深く合わせます。

Step 3

ウエストのくぼみにタオルがくるように補整の中央を腰にあて、ガーゼを前にまわしてバスト下の細い位置で重ねてウエストに巻きます。補整は後ろ下がりになるようにつけます。

長襦袢の着付け

長襦袢は、いわばきものの土台です。
きちんと着付けることで、衿もとの仕上がりの美しさが決まります。
もっとも大切なのは、衿を深く合わせること。
下を向かないように姿勢に注意しながら進めます。

1

長襦袢をはおって、衿先を合わせます。姿勢はくずさずに、背中心を確認しながら背縫いを持って下に引きます。後ろは指2〜3本分、衿を首から離して衣紋を抜きます。

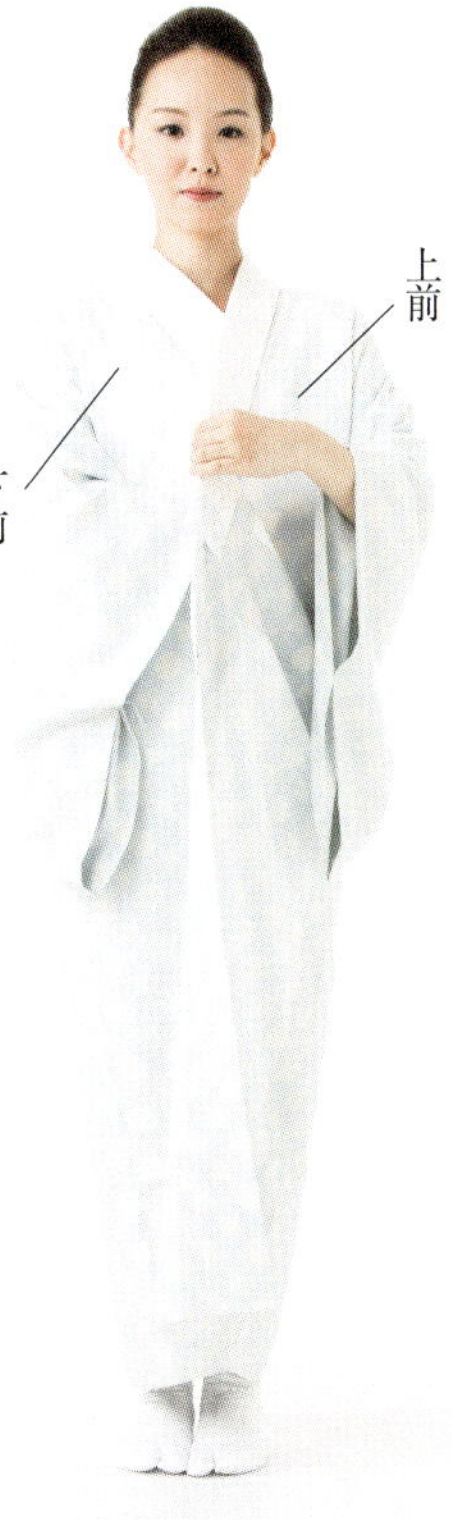

2

胸下あたりで衿を持ち、胸を包み込むように下前の衿を合わせます。後ろが詰まらないように下には引かないようにします。下前の衿を押さえたまま、上前の衿を深く合わせます。

3

交差させた左右の手を持ち替えます。下前は、身八《みや》つ口《くち》から手を入れて持ちます。衿は、のどのくぼみあたりで交差するように深く合わせます。

4
衿合わせがくずれないように、左のひじと手のひらで胸の下を押さえ、右手で伊達締めの中央を持ちます。

5
胸下に伊達締めの中央を合わせ、胸もとが動かないようにぴったりと添わせ、後ろにまわします。

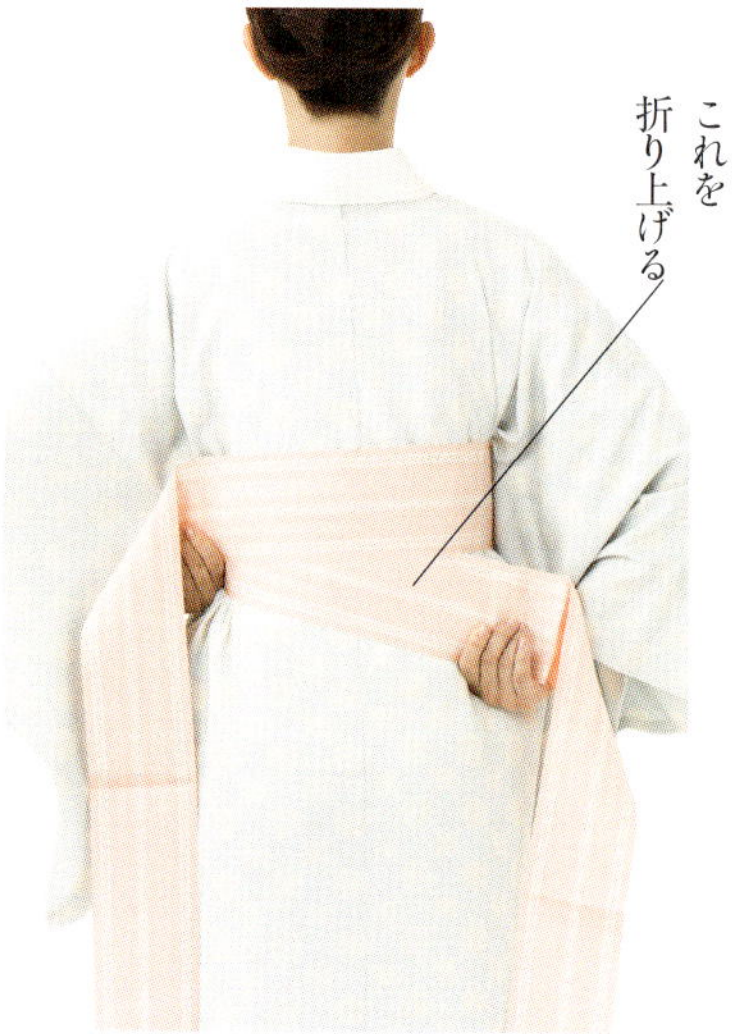

6
伊達締めを後ろで交差させ、片方を斜めに外して、左右の手を持ち替えます。

7
斜めに外したほうを、折り上げて前にまわします。

8
前で軽く締めて、2回からげて下のほうで結びます。

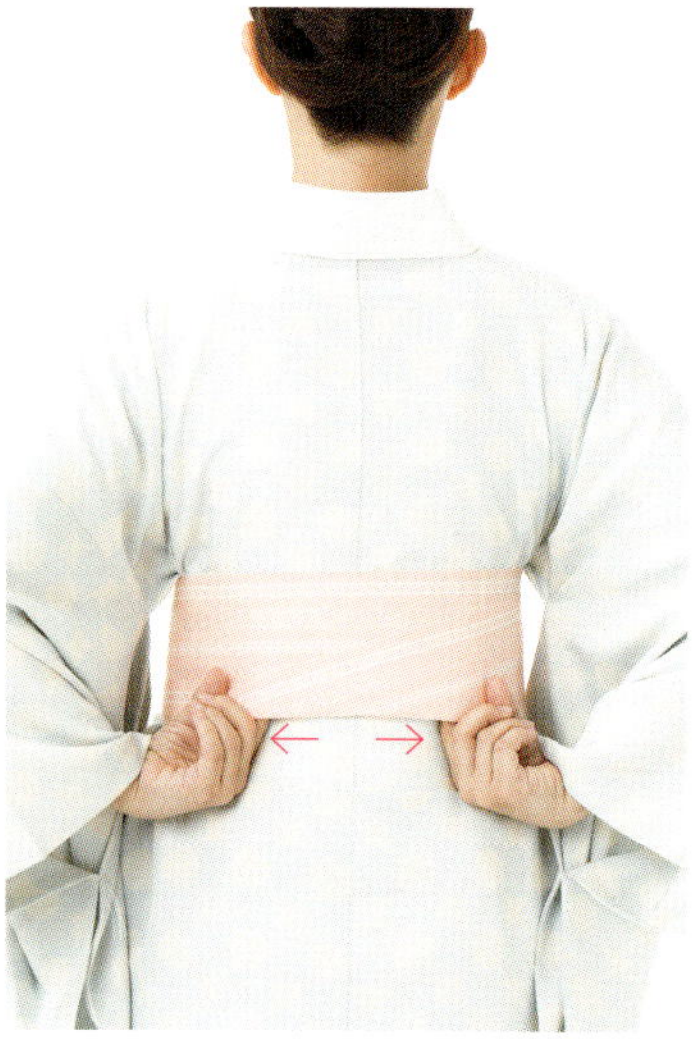

9
伊達締めの上側のしわを両脇に寄せます。下側も人差し指を入れて左右にしごき、背の下のしわをとります。

10

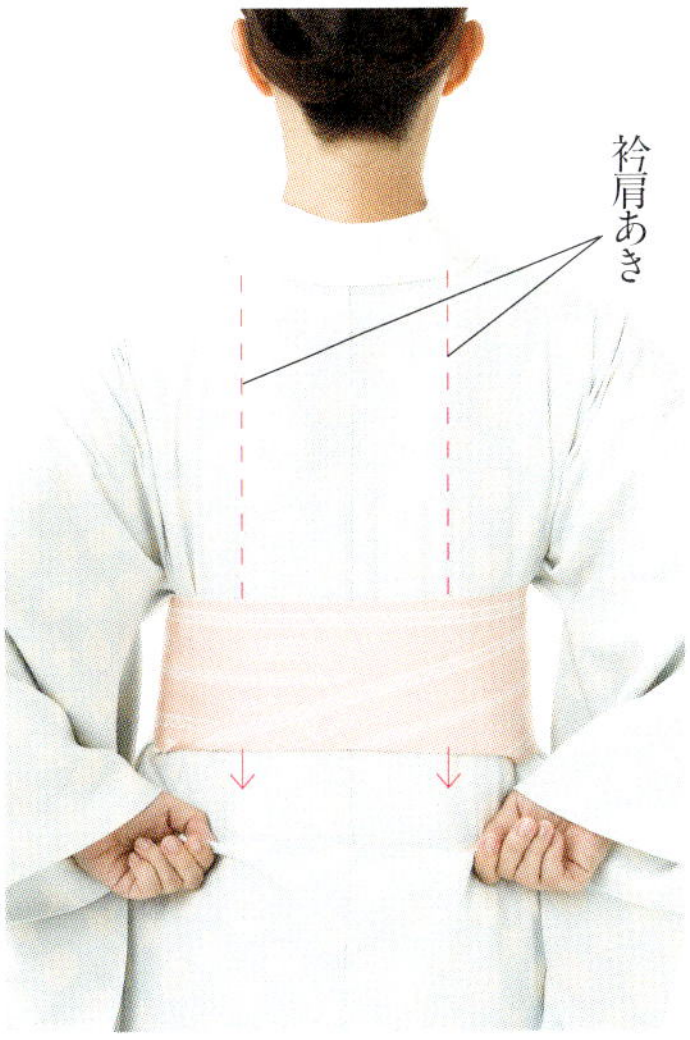

左右の衿肩あきの下のほうを、両手で下に引いて衣紋を整えます。

11

前と脇で伊達締めの下側を持ってすべらせるように引き下げます。みぞおちを避けた、補整と重なる位置まで下げます。伊達締めの後ろは下げません。

12

伊達締めの結び目がゆるんでいたら軽く締め直し、端の余分は幅を半分に折って内側にたたみ、上側に入れ込みます。

でき上がり

衿合わせは胸を包むように深く合わせて、左右対称になるようにします。伊達締めの前と脇を下げることで、胸もとがすっきりと美しいラインになります。

衿が首から浮いていないか確認します。後ろで衿肩あきの下のほうを両手で下に引くと、衣紋がおさまり衿もとが整います。

きものの着付け

すべりやすい染めのきものに比べると、紬《つむぎ》のきものは着付けしやすくて初心者にも向いています。腰紐1本で裾を支えて、伊達締めで胸もとを押さえます。

1
きものの衿幅を半分に折って、スナップを留めます。きものをはおり、背中心を確認して、後ろ衿をクリップで留めます。長襦袢の上前と下前を斜め下に引いて、衿合わせを正します。

2
体の前で衿先を合わせて、衿先からひと手幅（約20センチ）上を持ち、もう一方の手で同じ高さで背中心を持ちます。

3
両手を体から離すようにして水平に持ち上げます。裾線を床すれすれに決め、前が上がらないよう裾のラインを水平に保ちながら、片手で前にぐっと引きます。

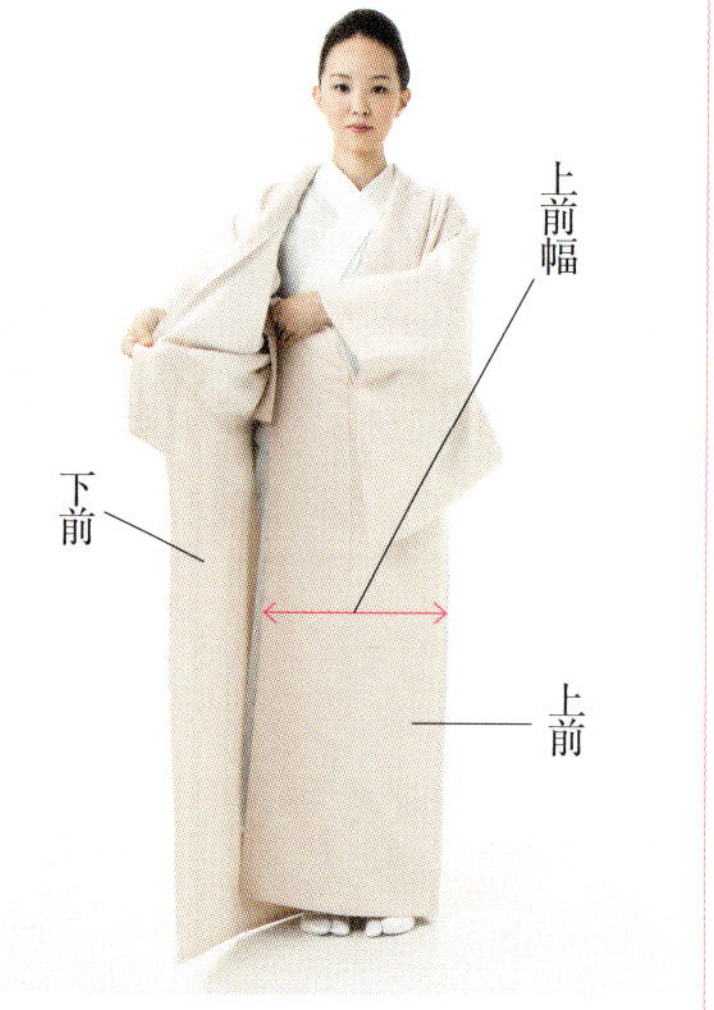

4
前に引いたまま、衿を両手に持ち替えます。上前の衿下線が腰骨にかかるくらいに、上前幅を決めます。

5
一度上前を広げて、右手の下前を水平に持っていき、最後に褄先《つまさき》を床から12～13㎝上げます。
＊染めのきものの場合は、下前の褄先を15～16㎝上げる。

6
下前のたるみを整えて、上前を重ねます。褄先を5～6㎝（染めのきものは、7～8㎝）上げて、左手で押さえておきます。右手で腰紐の長さを15㎝くらいずらして持ちます。

7

腰紐の短いほうが右側にくるように、右の腰骨の2〜3㎝上にあてます。水平に体の前に沿わせて、後ろにまわします。

8

後ろを高くして交差させながら、左右の手を持ち替えて、脇でしっかりと締めます。右脇で左を上に重ねて、下の腰紐と一緒に1回からげ、結び目を立てます。

9

左手で上の紐の端を持ちながら、右手の指で輪を作って下の紐を持ちます。

10

下の紐を輪に通して引き出したら、紐の端を引いて締め、片輪結びにします。紐の端を揃えます。

11

紐の端を下からはさみます。

12
背中心から脇に向かって、後ろのしわを左右に振り分け、軽く整えます。

おはしょり

13
身八つ口から両手を入れて、後ろのおはしょりを静かになで下ろし、平らに整えます。

14
両手で衿を持って、上から3回ほど軽く衿合わせをします。左手は身八つ口から入れます。

おはしょり
衽線

15
身八つ口から入れたままの左手で、手刀《てがたな》を切って前のおはしょりを整え、衽線《おくみせん》が上下1本につながるように揃えます。

16
身八つ口から入れたままの左手で、下前のウエストあたりの衿幅を約1.5㎝内側に折り、衿を整えます。＊写真ではわかりやすいように、左手を表に出しています。

下前を折り上げる

17
おはしょりがもたつかないように、下前を内側に斜めに折り上げて一重にし、右手で脇まで整えます。※実際は内側で行うので見えません。手の感覚を頼りに整えます。

18

折り上げた下前をくずさないよう押さえながら、上前の衿幅もウエストあたりで約1.5cm内側に折ります。衿が交差するところで、半衿が1.5cmほど出るように、左右対称に整えます。

19

衿とおはしょりが整ったら左腕全体を使って前をしっかり押さえます。右手で伊達締めの中央をあてます。

20

長襦袢と同様に、伊達締めを締めて前で2回からげて結びます。後ろのしわを整えたあとで、伊達締めの下側を持って、前と脇で引き下げます。こうすることで、苦しくなく胸もとがすっきり整います。

＊伊達締めの結び方は、122〜123ページ参照。

でき上がり

上前と下前の衿が左右対称かを確認。普段着なら、半衿の幅は交差するところで約1.5cm見せます。褄先は斜めに上げます。

裾丈はかかとが見えないくらいの長さに。伊達締めは前下がりの状態になります。

裾が広がらず、裾すぼまりのシルエットになるように。

一《いち》重《じゅう》太《だい》鼓《こ》の結び方

きものの帯結びの基本となる、名古屋帯の代表的な結び方です。後ろは高く、前下がりになるよう意識して、スタイルよく見えるシャープな仕上がりを目指しましょう。

1
帯のて先を左肩にかけ、て先を伊達締めのあたりまで持っていき、て先の長さを決めます。

2
一巻き目に帯板を入れます。帯の下側を持って自分が時計回りにまわりながら、後ろが高くなるように巻きます。

3
一巻きしたら、胴に巻いた帯の下から左手を入れます。肩にかけたて先のわのほうを持って斜め下に引き、右手のほうをしっかりと締めます。

4
二巻き目を、帯の下側のラインが合うように確認しながら、しっかり巻きます。

5
て先を抜いて、右手のたれだけを軽く引いて締め直します。

6
左手でて先を後ろに下ろします。

7

左手でて先のわを持って背中心までずらします。次に、てと帯の下側の交点を左手の親指と人差し指ではさんで押さえます。たれを持っている右手を内側から持ち替えます。

8

左手で交点を押さえながら、右手でたれを7の点線で三角に帯の上側まで折り上げます。

9

仮紐を帯の上側の際にしっかりとかけて、たれを押さえます。仮紐を前にまわし、帯の真ん中で蝶々結びにしておきます。

10

て先のわを下にして、蝶々結びの輪に通してあずけます。

11

両手でたれをきれいに広げます。

12

たれ先から70～80㎝のところで柄の出方を調節しながら、帯枕のカーブが体に沿う向きになるように帯枕をあてます。

13
たれと帯枕の左右を一緒に持って布目を通します。

14
右手で深く持ち、左手で仮紐のあたりを押さえ、帯枕の裏側が背中につくように上げます。

15
両手で帯枕のガーゼを持ち、帯枕の裏側が肩甲骨の下あたりにぴったり沿うように前に引きます。

16
帯枕のガーゼを2回からげて、しっかり結びます。

17
ガーゼを軽くひと結びします。

18
帯枕の下のしわをのばします。お太鼓の上がしわになったり、曲がったりしないように、帯を左右に引いて布目を通します。

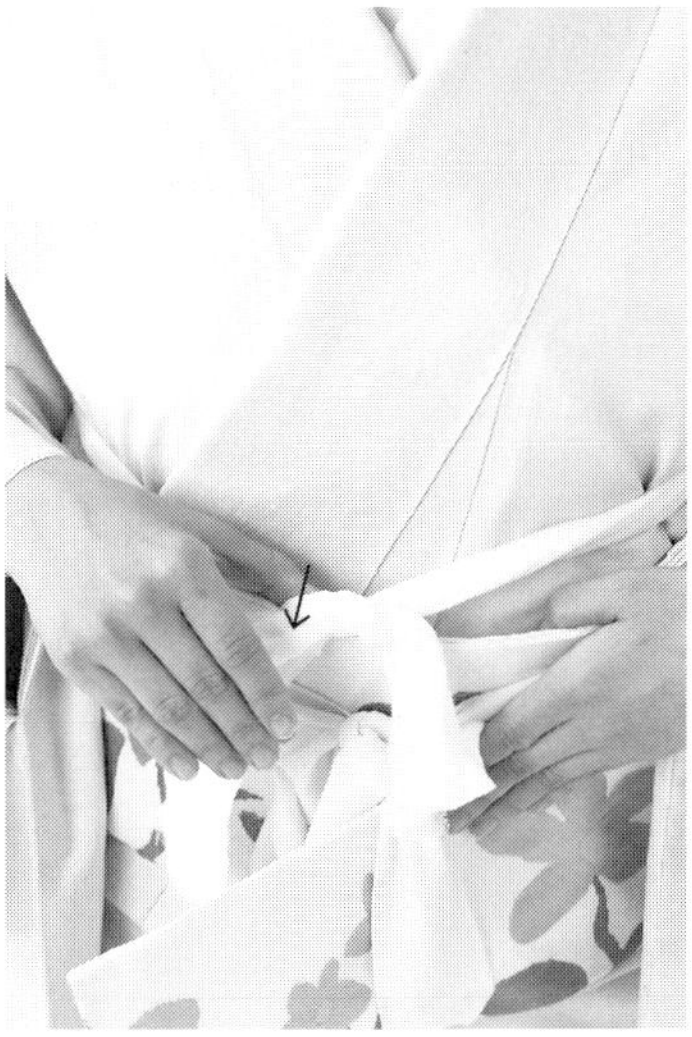

19

帯枕のガーゼの結び目をぐっと前に引いて、少し緩めます。

20

帯枕のガーゼを、帯のなるべく下のほうに落とし、脇まで丁寧に入れ込みます。こうすることで、胸もとがきれいに仕上がります。

21

帯揚げの中央が、真ん中にくるように帯枕にかぶせます。

22

下のほうも帯枕を包むように、指で帯揚げを入れ込みます。

23

帯揚げを前で仮結びして、帯の間に軽くはさんでおきます。

24

お太鼓の大きさを帯幅と同寸くらいに決め、たれの両側を指で内側に折り返します。お太鼓の大きさは、体型に合わせて調整します。

25

お太鼓の大きさを決めたら、その下線（決め線）を片手で持ち、もう一方の手でたれを折り上げます。

26

たれ先の長さを7〜8㎝に決めます。

27

右手をお太鼓の内側に入れて押さえながら、あずけておいたて先を外してお太鼓の中に通します。

28

左手で決め線を持ちながら、右手でて先を静かに決め線に添わせて引き、右から2〜3㎝出します。

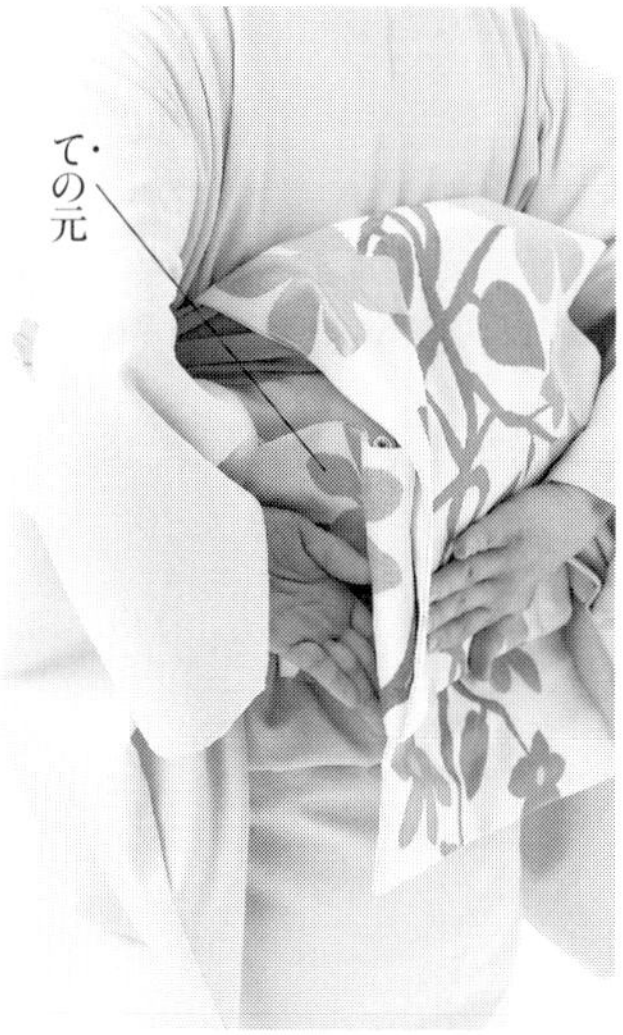

29

右手でお太鼓を押さえながら、左手で余ったての元を内側におさめます。

30

左手でお太鼓の内側を押さえながら、右手で帯締めを通します。て先の幅の中央に通して前にまわします。

帯締めの結び方

1
前帯の中央で、帯締めの左右の長さを揃えます。

2
帯のなるべく近くで左を上に重ねて、しっかりと結びます。ゆるまないように、左のほうの交点を指で押さえます。

3
右の帯締めで房を上にして輪を作り、交点に重ねて、右手の指で押さえます。

4
左手で下の帯締めを、結び目の際で折り上げて親指で押さえます。

5
右手で輪の中に上から通します。通した帯締めを輪の中でひねって表に返して右手で押さえ、まずは、左側だけを引きます。それから、左右をしっかり引いて締めます。

6
平組《ひらぐ》みの帯締めの場合は一本に見えるように重ね、房は脇のほうで上からおさめます。

31
9で使用した仮紐を外します。

32
仮結びしていた帯揚げを広げます。右の帯揚げの端を揃えて持ち、わを下に幅を二つ折りにして脇から整え、帯揚げを結ぶ準備をします。

帯揚げの結び方（本結び）

1
二つ折りにした帯揚げを、さらにわが上になるように三つ折りにして整え、帯の脇に軽くはさんでおきます。続いて、左側の帯揚げも同様に整えます。

2
体の中心で左の帯揚げが上になるよう重ね、斜めにひと結びして軽く引き締めます。

3
結び目を立てます。下の帯揚げを少し下に引いて結び目のしわを整え、下で輪を作ります。

4
輪に上の帯揚げを下から通し、結び目に左手の人差し指を入れた状態で、まず右側だけを引きます。

33

衿のクリップを外します。前帯の下側を左右にしごいて、おはしょりのしわをとります。

でき上がり

帯を前下がりに締めることで、前帯の上側にゆとりが出てV字形のラインを作ることができます。

お太鼓はたるみがなく、大きすぎず、山がきれいに整うようにします。

5

指を抜いて両側を軽く引き締めます。残った帯揚げは結び目の際《きわ》から、たたんだ帯揚げの間に入れ込みます。

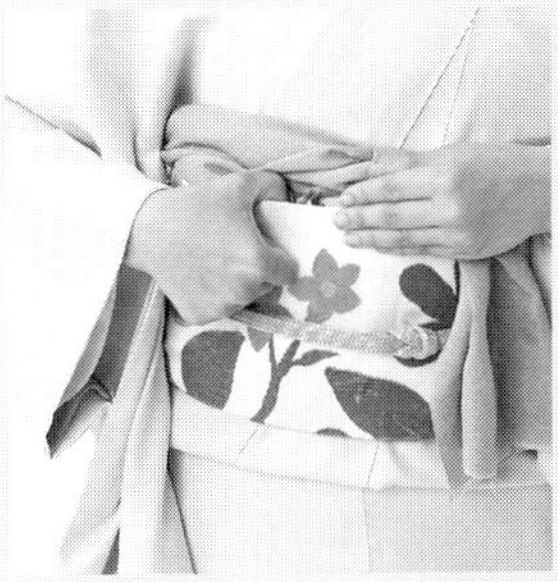

6

脇まで入れ込んだら余りを折り返して、帯の内側におさめます。もう一方も同じように整えます。帯の上側を軽く前に引いて、結び目を落とします。帯の上側と帯揚げの間に親指を入れて、中心から脇へとしごき帯揚げの見え方を調整します。

二重太鼓《にじゅうだいこ》の結び方

袋帯で結ぶ二重太鼓は、お太鼓部分が二重になります。お太鼓は少し大きめに作り、格調高く仕上げるのがポイントです。

下準備として、て先を60㎝くらいまで幅を半分に折り、胴に巻きつける部分を徐々に幅をずらしながら3㎝ほど幅を出し、たれの部分は広げたままで屏風だたみにしておきます。

1
て先のわを外側にして左肩にかけ、て先の長さをウエストくらいに決めます。右手で帯の下側を持ちながら、自分が時計回りにまわって、後ろが高くなるように巻きます。

2
胴に巻いた帯の下から左手を入れて、肩にかけたて先のわのほうを持って斜め下に引き、次に右手でたれをしっかりと締めます。

3
二巻き目の帯の間に帯板を入れます。

4
一巻き目の下側のラインに合わせて、二巻き目をしっかりと巻きます。て先を胴に巻いた帯から抜き、右手のたれだけを軽く引いて締め直します。

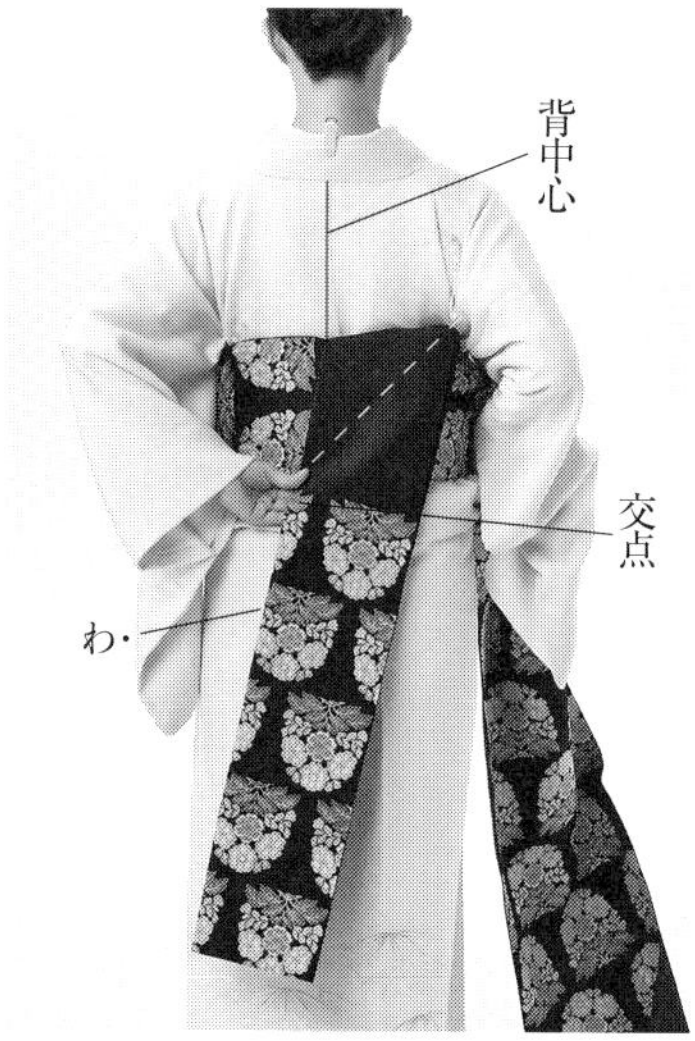

5
左手でて先を後ろに下ろし、わを左手で持ち、背中心までずらします。てと帯の下側の交点を左手の親指と人差し指ではさんで押さえます。

6
左手で交点を押さえながら、たれを持っている右手を内側から持ち替えます。右手でたれをうの点線で、三角に帯の上側までまっすぐに折り上げます。

7
仮紐を帯の上側の際《きわ》にしっかりとかけ、前にまわし、帯の真ん中で蝶々結びにしておきます。

8
て先のわを下にして、仮紐の輪に通してあずけます。

9
たれをきれいに広げます。

10
たれの表側を出し、右肩にあずけます。

11
たれ先を三角形に折って、帯幅ひとつ分をとります。

帯枕の表側

12
たれ先から帯幅分をとったラインに、帯枕の裏側（平らな面）をあてます。

13
右手で帯の裏から、帯枕の真ん中を持ちます。

14
右手を後ろにまわし、帯枕の裏側を上にしてお尻に垂直にあてます。

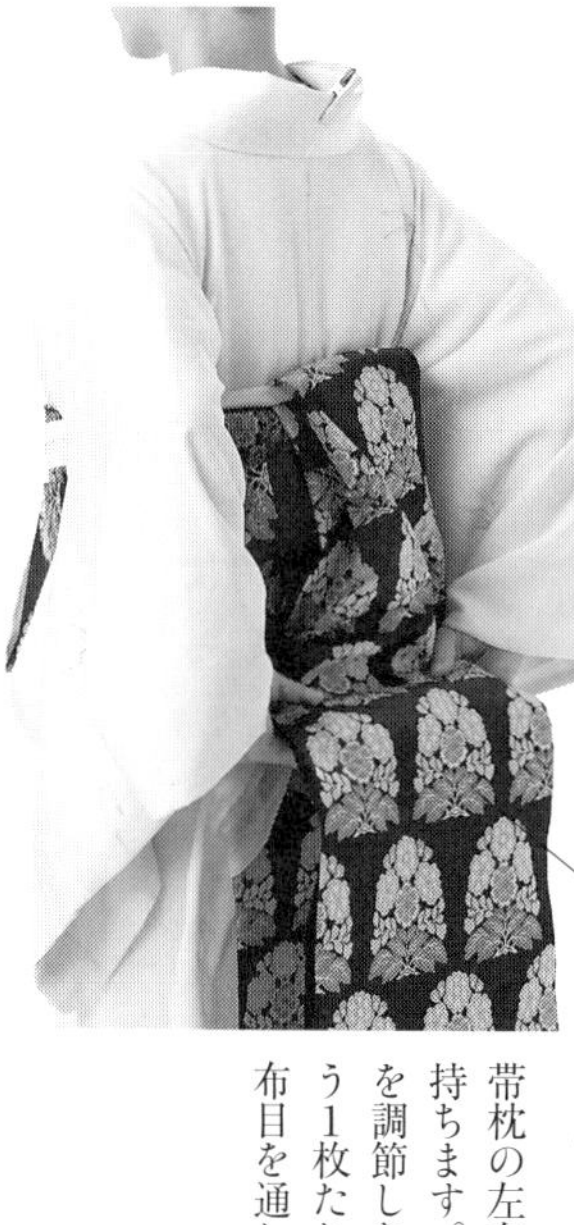
2枚のたれを重ねる

15
帯枕の左右を両手で持ちます。柄の出方を調節しながら、もう1枚たれを重ねて布目を通します。

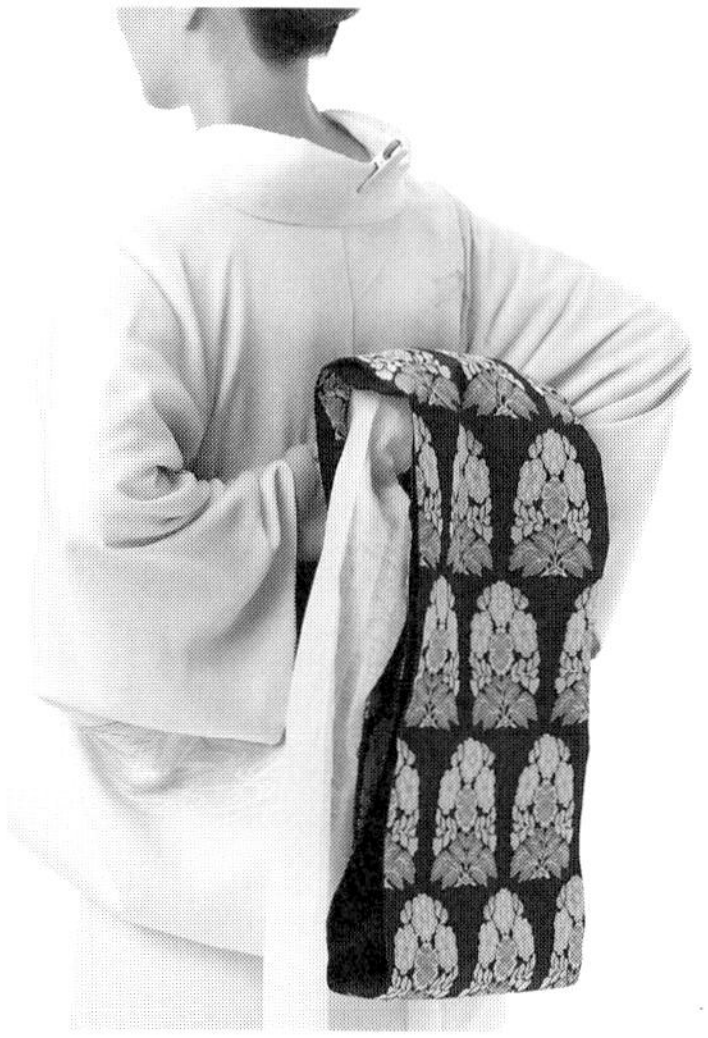

16
右手で帯枕と帯をしっかりと持ちます。左手の甲で仮紐のすぐ下を押さえながら、帯枕の裏側を肩甲骨の下あたりにぴったり沿わせます。

帯揚げ
て先
て先はたれ先の7~8cm上にあてる

17
帯枕が体にぴったり沿うようにガーゼを結び、帯枕の下の背中側のたれを整え、帯枕に帯揚げをかぶせて前で仮結びします。仮紐にあずけていたて先を外し、たれにあてます。

18

たれの右側からて先を3cmほど出し、外側のたれも交点で揃え、一緒に持ちます。

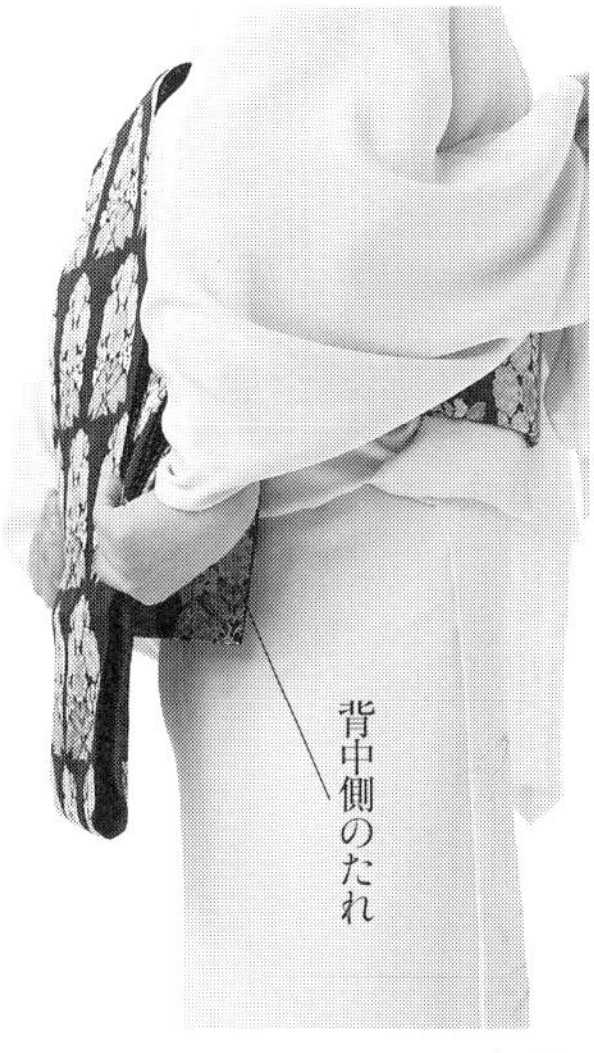

19

背中側のたれだけを外します。

20

指で外側のたれを、内側に折ります。

21

たれが長い場合は、左手で決め線を持ちながら右手を使って折り上げます。たれ先の長さは7〜8cmが目安です。

22

左右の交点を持ちながら、たれ先を外側に折ります。

23

右手でたれの中央を持って浮かせながら、左手で余ったて先の元を内側におさめます。

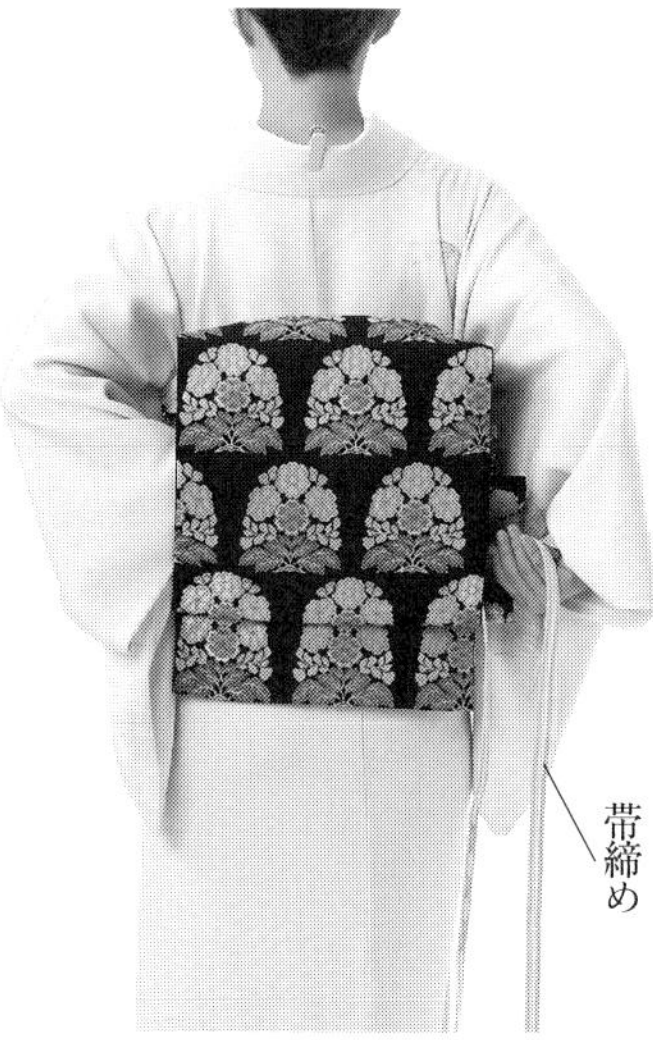

24
左手でお太鼓の中を押さえながら、右手で帯締めをとり、て先の幅の中央にあてて結びます。この後、仮紐を外します。
＊帯締めの結び方は１３３ページ参照。

25
帯揚げは入《い》り組《く》に結びます（本結びでもかまいません）。右側の帯揚げの端を揃えて、わを下に幅を二つ折りにします。

26
帯揚げの長さを斜め下で帯締めにかかるくらいにとり、余分は広げて内側に折り返します。

27
もう一度幅を二つに折ります。

28
わが上になるように幅を三つ折りにし、指を入れて脇まできれいに整えます。

29
帯との間をしごきながら、脇から前へ帯揚げを体に沿わせていきます。

30

中央をすぎたら、帯の上から内側に入れ込みます。端は指で押し下げて、帯締めの下までしっかりと深く入れます。左側も同様にします。

31

前帯の下側を左右にしごいて、おはしょりのしわをとります。衿のクリップを外します。

でき上がり

お太鼓は少し大きめにして、格調高く仕上げます。厚めの帯枕を使うと、より高さが出て華やかになります。

幅出しをした分、帯幅にもボリュームが出ます。帯は前下がりに締めて美しいV字形のラインに。帯揚げを入り組にすると、よりすっきりシャープに。

着付けの工夫ですっきり見せる！

きものが着られるようになったら、さらにステップアップして、自分の体型に合う着付けを工夫してみましょう。そうすることで、もっとすっきり、きれいにきものを着ることができます。きもの姿を写真に撮ってみると、気をつけるべきポイントが見えてきます。ここでは6つのポイントを紹介しますが、どれか一つでも取り入れてみてください。きっといつもの着付けが違って見えるはずです。

一 衣紋の抜き

首の長さと太さで変化をつける

衣紋

memo

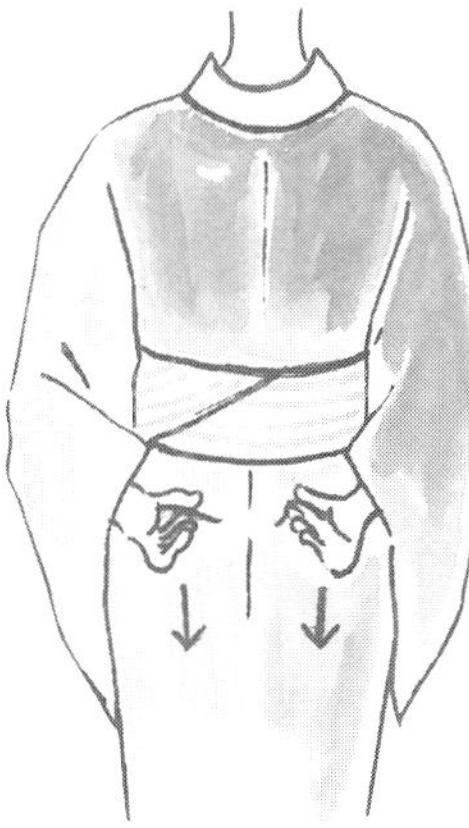

長襦袢の段階で調整する！

美しい抜き加減の衣紋を作るには、長襦袢を着たときに意識することです。長襦袢の衣紋がバランスよく抜けていれば、上に着るきものも美しく整います。左右の衿肩あきの下のほうで、伊達締めの下側の長襦袢を左右同時に下に引いて整えるのがコツです。

ぽっちゃりさん

首が太く短い人はU字に抜く

ぽっちゃりして首が太く短い場合は、ゆったりとしたUの字を描くように衣紋を抜きます。ただし、抜きすぎは背中の肉が見えてしまい、逆にだらしなく見えるので注意が必要です。

no good

good

ほっそりさん

首が細く長い人は抜きすぎない

ほっそりしていて首が細く長い人は、抜きすぎに注意しましょう。抜きすぎると痩せているのが目立って、貧相に見えることがあります。

no good

good

二 衿合わせ

首の長さと太さで変化をつける

ぽっちゃりさん

首が太く短い人はとりつきを首から離す

ぽっちゃりさんは、衿を詰めすぎると顔の大きさが強調されてしまいます。衿のとりつきをできるだけ顔から離し、のどのくぼみの下くらいで衿を合わせましょう。

ほっそりさん

首が細く長い人は少しだけとりつきを離す

ほっそりさんは、ぽっちゃりさんのように衿をゆったり合わせると、貧相な印象になるので気をつけて。首の付け根あたりから、ほんの少しだけとりつきを離し、のどのくぼみの位置で衿を合わせます。

三 バストライン

バストを包み込むように

バストをしっかり包み込む

なだらかなバストを作るには、長襦袢の衿合わせが重要です。バストをしっかり包み込むように、下前と上前を合わせます。左右の衿を深く合わせることで、バストが固定されます。仕上げに、伊達締めの前を下げると、美しいバストラインに。

衿合わせが浅いと着くずれる

下前と上前の衿合わせが浅いと、衿もとがくずれる原因になります。さらに伊達締めを前下がりにしないと、バストラインが窮屈になり太って見えます。

memo

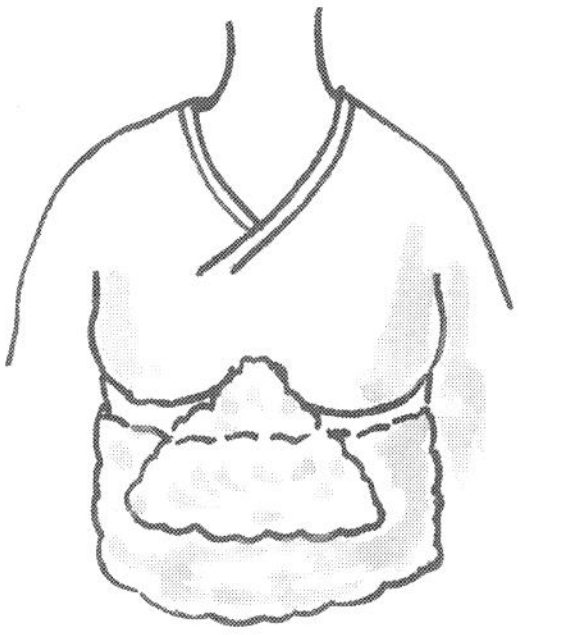

大きなバストは補整を！

大きなバストは、胸の下の段差を埋める補整をします。おしぼりタオルを三角に折ってバストの下にあて、ウエストの補整にはさんで固定します。さらに大きい人は、和装ブラジャーをつけてからこの補整をしましょう。

四 おはしょり

一重にしてすっきり

上前だけで一重に

おはしょりをすっきりさせるには、後ろのおはしょりは身八つ口から手を入れて、静かになで下ろして平らにします。前は上前と下前が重なっているため、下前を斜めに折り上げ、上前だけにすることですっきり見えます。

＊おはしょりの処理については126ページ参照。

good

もたついたおはしょりは美しくない

おはしょりは一重にしなくてもかまいませんが、きものの素材や着付け方によっては、帯の下でおはしょりがもたつくことがあります。その場合、太って見えることがあるので気をつけて。

no good

五 帯の位置

前下がりで後ろを高めに

good

前から見てV字形に

森田流の着付けでは、帯の仕上がりが重要なポイントです。前下がりで後ろを高めに巻くと、前から見てV字形になります。上部にゆとりを持たせることで、上半身をすっきり見せてくれます。さらに横から見たときに腰の位置が上がって、足長効果も期待できます。

no good

上半身が詰まって見える

帯の前を下げずに前も後ろも同じ高さに巻くと、上半身が詰まって見えます。とくにバストの大きい人は、帯の上にバストがのってしまい、老けた印象に。

六 裾合わせ

裾すぼまりに仕上げる

裾がすぼまっている

ほかの部分が美しく仕上がったとしても、裾の形で全てが台無しになってしまうこともあります。裾よけ、きものともにタイトスカートのように裾すぼまりに着付けます。下前の褄《つま》を上げることで裾がすぼまります。

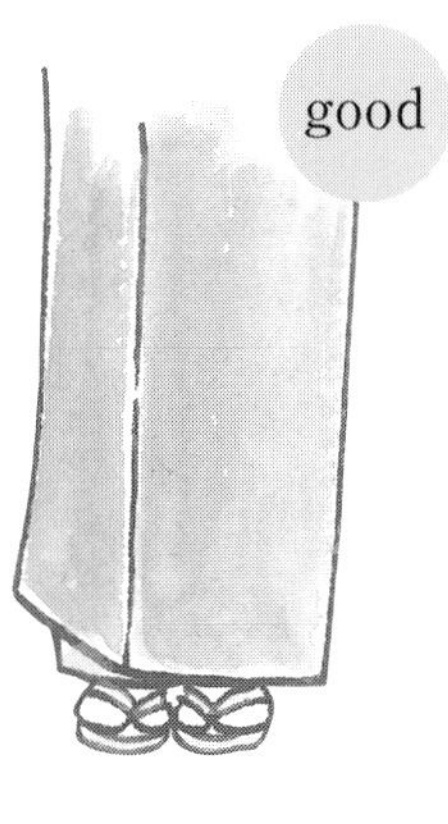
good

裾が広がると、もっさり

裾が広がっていると重心が下になるので、全体に太って見えます。さらにどんどん裾が開いてきて、着くずれの原因にもなるので注意しましょう。

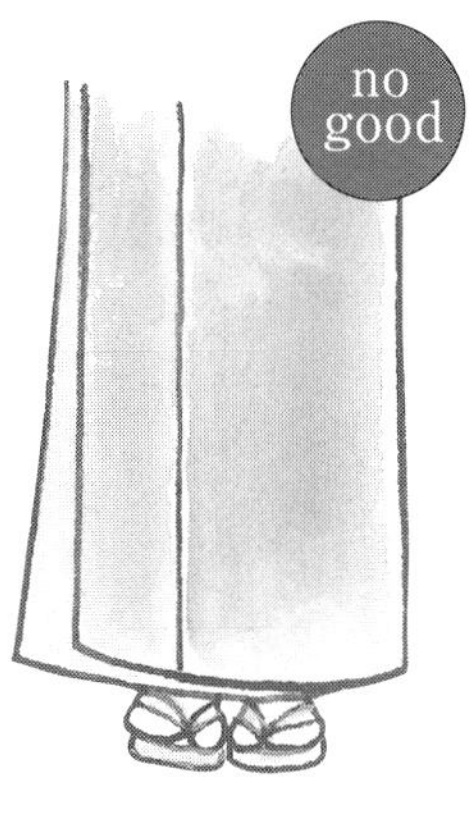
no good

きものと帯のたたみ方

きものや帯をたたむときは、ほこりや汚れがつかないように、衣装敷《いしょうじき》などを広げて、その上でたたむようにします。

直線裁ちのきものは、縫い目や折り目に沿ってたたんでいくと、きちんとたたむことができます。

帯は種類や形状、仕立てによって、たたみ方が異なりますが、共通のポイントは、お太鼓と前帯の部分に折り目を作らないこと。

きものも帯も、仕立て上がったときの折り目に沿ってたたんでいけば、問題はありません。

きもの 本だたみ

もっとも一般的なきもののたたみ方で、留袖から浴衣までたためます。収納スペースによって、二つ折り、または三つ折りにします。さらに、持ち運ぶ場合などは、四つ折りにもできます。箔《はく》や刺繍が施されたものは、その部分に薄紙を当てて保護しておくと安心です。使用頻度が少ないきものは、折り目の部分に真綿の棒や和紙を丸めて棒状にしたものをはさんでおきましょう。

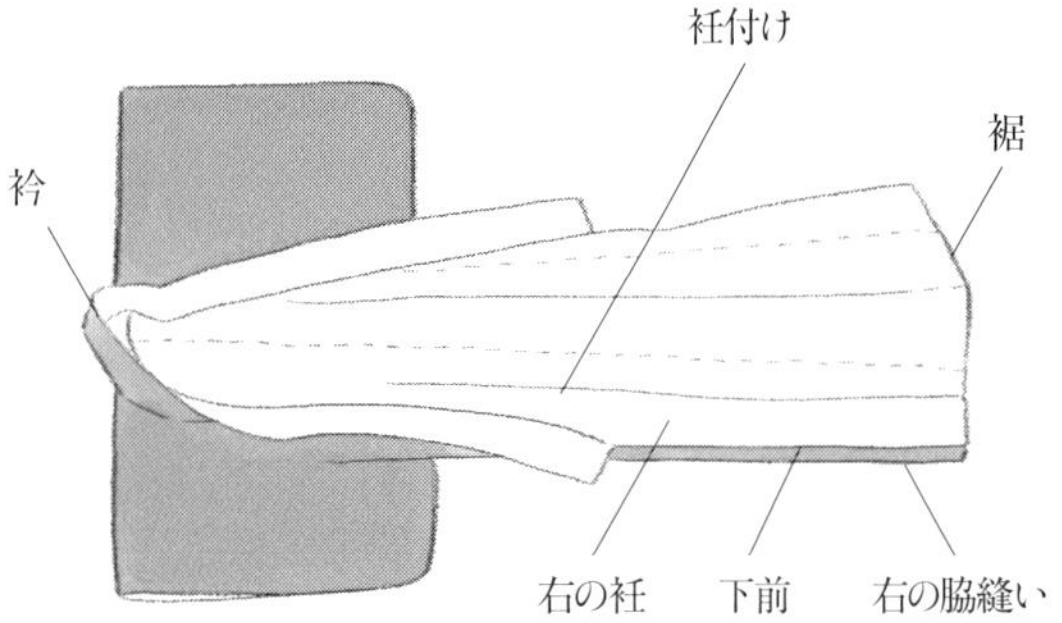

1
衿が左、裾が右にくるように、きものを広げます。右の前身頃（下前《したまえ》）を右の脇縫いで折り、後ろ身頃に平らに重ねます。次に右の衽《おくみ》を衽付けで手前に折り返します。

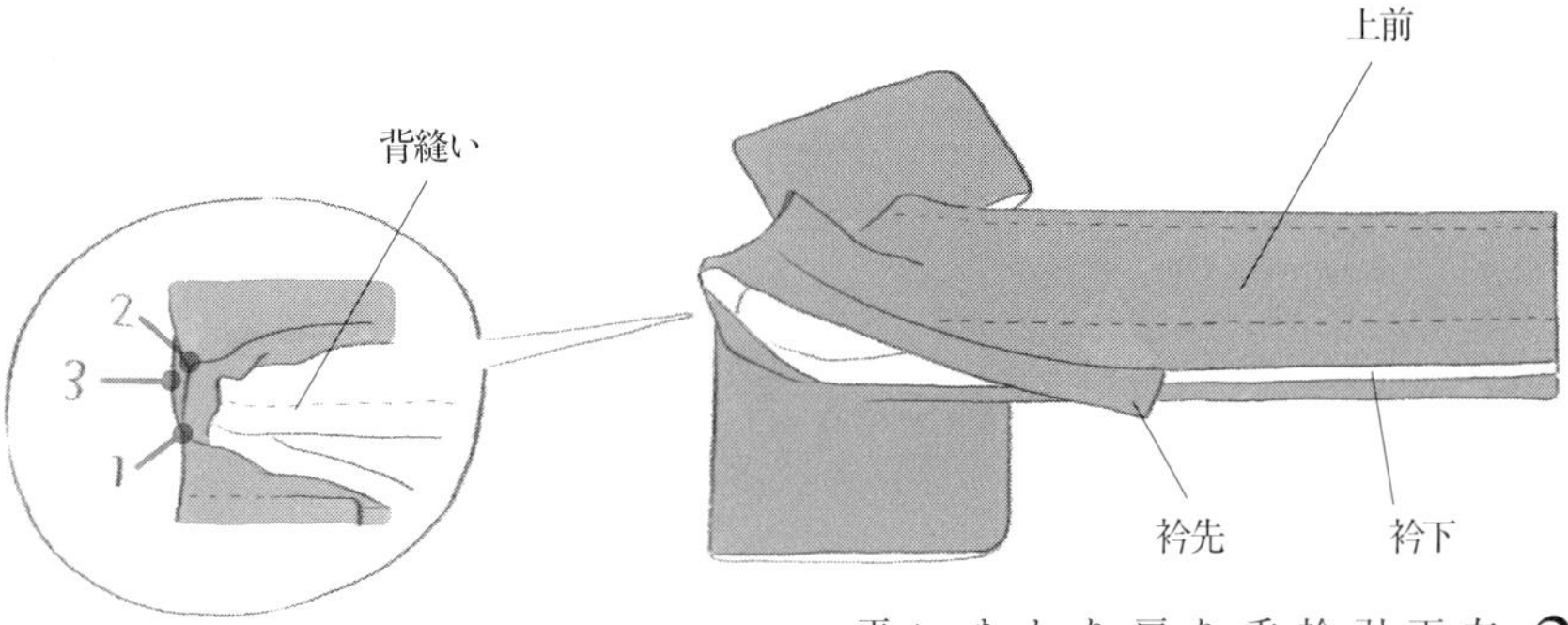

2
左（上前）の衿下を両手で持って手前に引き、右（下前）の衿下と衿先に揃えて重ねます。衿肩まわりは、3の位置で衿肩あきを内側に折り、衿肩の両かど（1と2）を三角に折ります。続いて、背縫いで二つ折りにし、平らに重ねます。

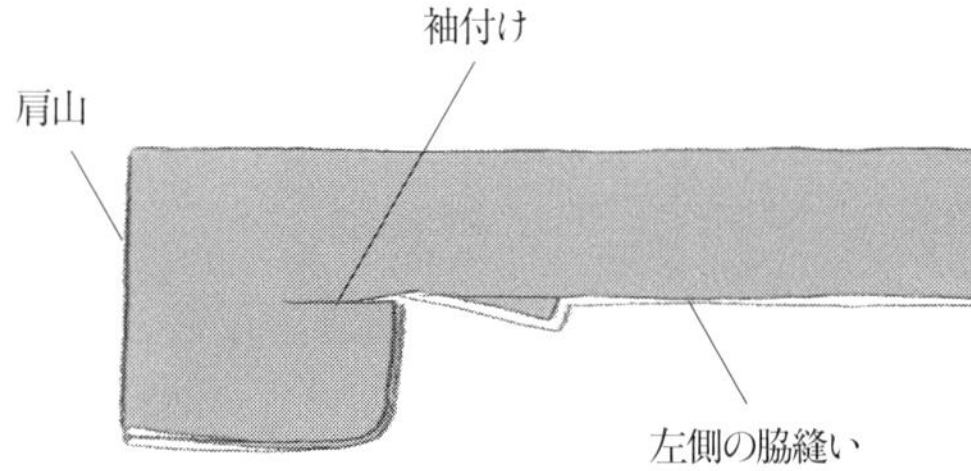

3
左の脇縫いを両手で持って手前に引き、右の脇縫いにきちんと合わせ、左右の身頃と袖を平らに重ねます。裾、肩山、袖付けの縫い目がきちんと揃っているかを確認します。

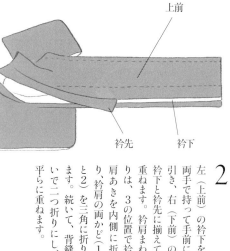

きもの
袖だたみ

もっとも簡単な、きもののたたみ方です。時間のないとき、とりあえずたたんでおくとき、浴衣を洗濯機で洗う場合などに、覚えておくと便利です。このたたみ方は慣れてくると、立ったままたたむことができます。

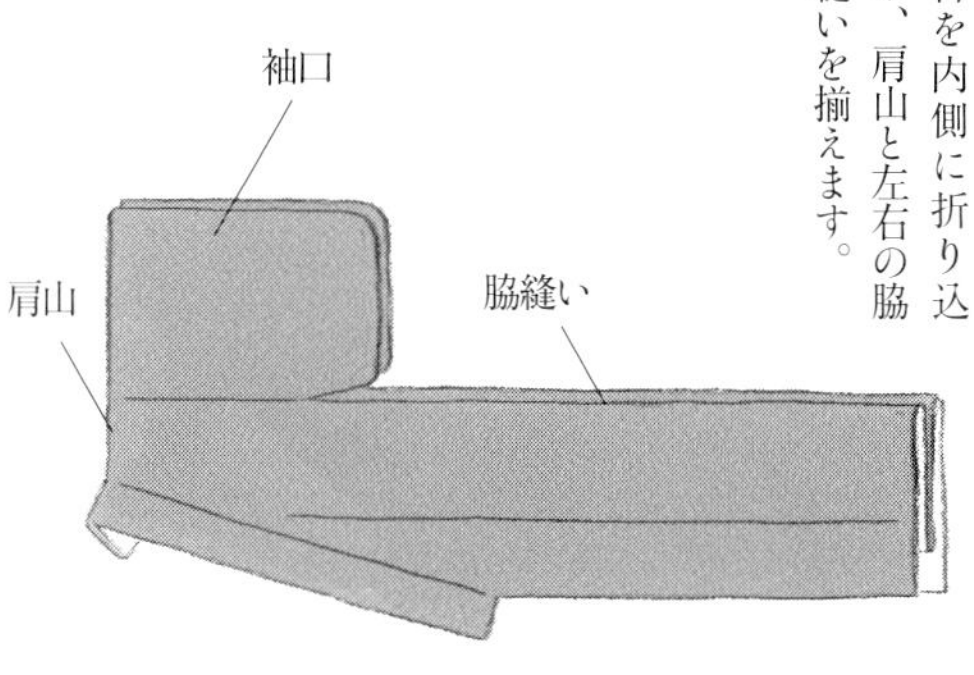

1 背縫いで外側に折って、左右の袖口を合わせます。続いて、衿を内側に折り込み、肩山と左右の脇縫いを揃えます。

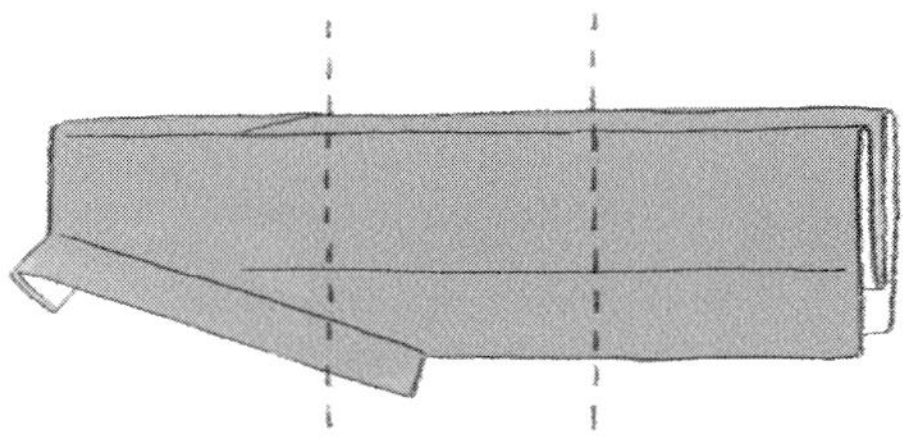

2 両袖を重ね、表裏どちらかに折ります。

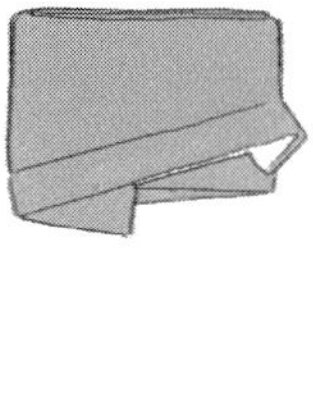

3 全体を三つ折りにします。もっとコンパクトにしたい場合は、全体を二つに折ってから、さらに二つ折りにします。

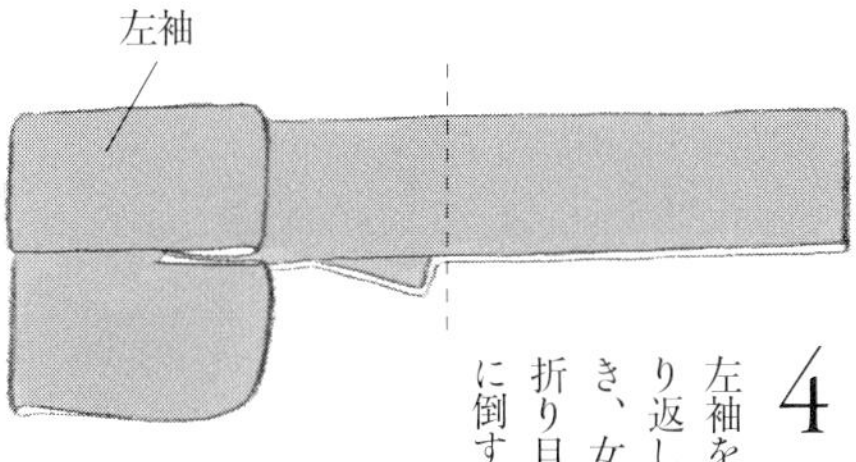

4 左袖を身頃の上に折り返します。このとき、女性用きものは折り目をやや身頃側に倒すようにします。

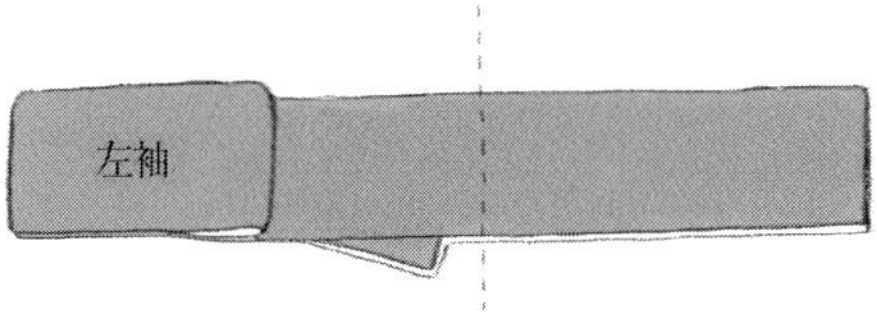

5 右袖を左袖と同じように、反対側に折り返して、身頃の下に重ねます。

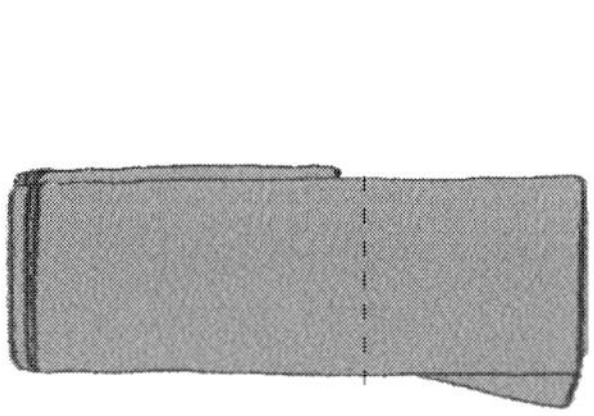

6 身頃の丈を半分に折ります。このサイズで畳紙《たとう》に入れて、タンスにしまいます。スペースによっては、三つ折りにします。この場合は、折り目がつかないように、真綿の棒などをはさみます。

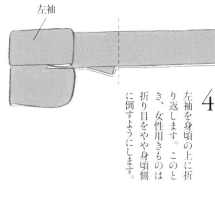

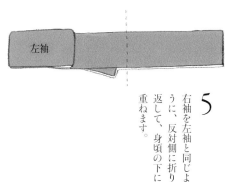

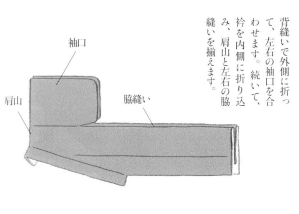

長襦袢

おはしょりのない長襦袢は、「襦袢だたみ」という方法でたたみます。両脇を中心に向けて折り、丈を二つ折りにします。コートのたたみ方も同じです。

1 衿を左にして置き、下前と上前の脇縫いをきちんと折ります。それから、身頃を平らにのばします。

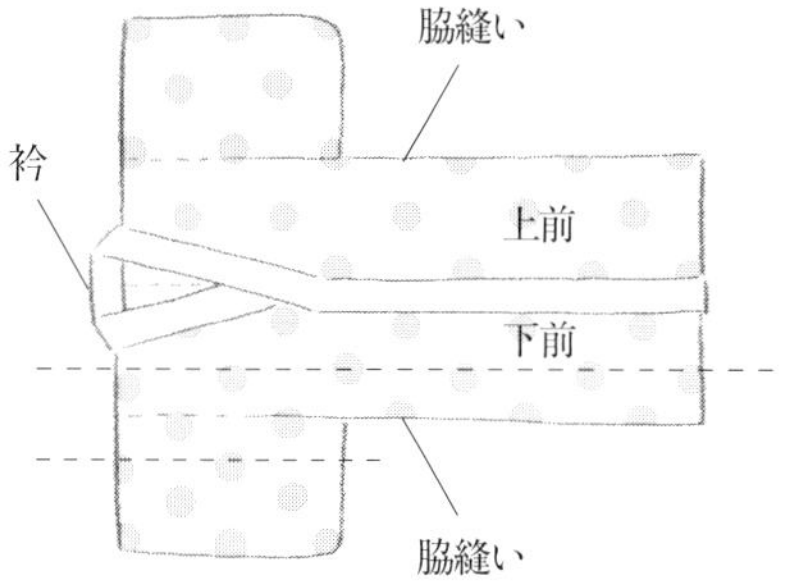

2 下前の脇縫いが身頃の中央にくるように内側に折ります。袖は、袖口側から袖幅3分の2のところで折り返します。

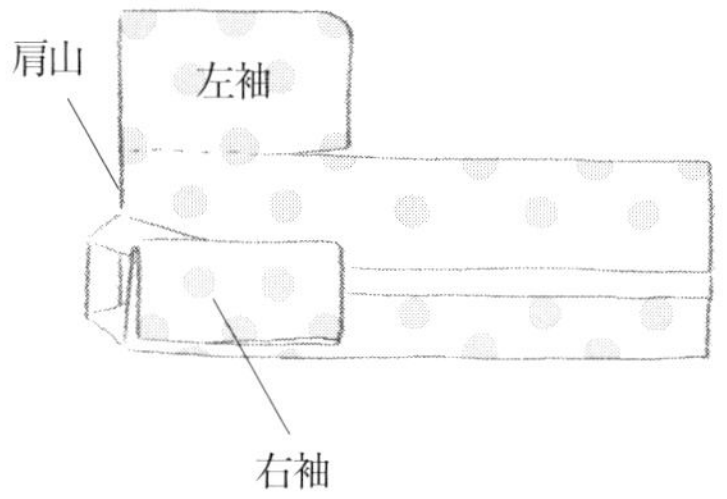

3 上前も下前と同様に脇縫いで折り、左袖を右袖の上に折り重ねます。

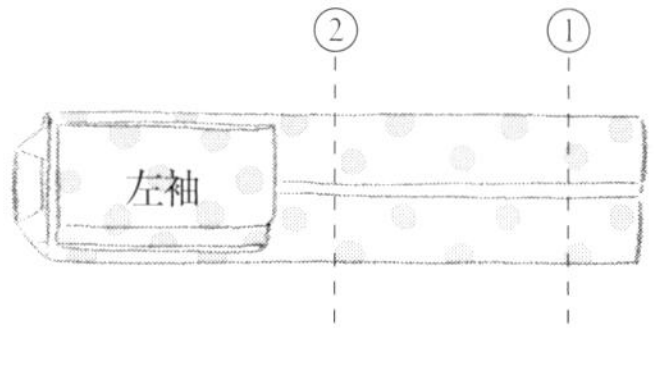

4 まず、袖の長さを残して、裾を折ります（3の①）。次に、全体を二つに折ります（3の②）。

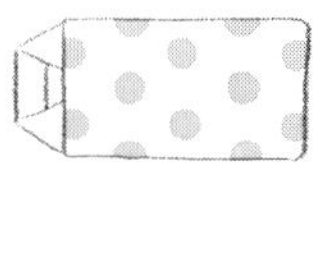

羽織

羽織は男性用、女性用、子ども用、すべて同じようにたたみます。いずれも、衿の部分が厚くなるので、身頃の裏側に紙などをはさみ、衿の厚みが表に響かないようにしましょう。女性用の羽織紐はつけたままでかまいませんが、房を紙で包んでおきましょう。

1 衿肩あきを左側にして広げ、左右のまち幅の中央をきちんと折ります。さらに、衿肩あきは衿付けから内側に折ります。

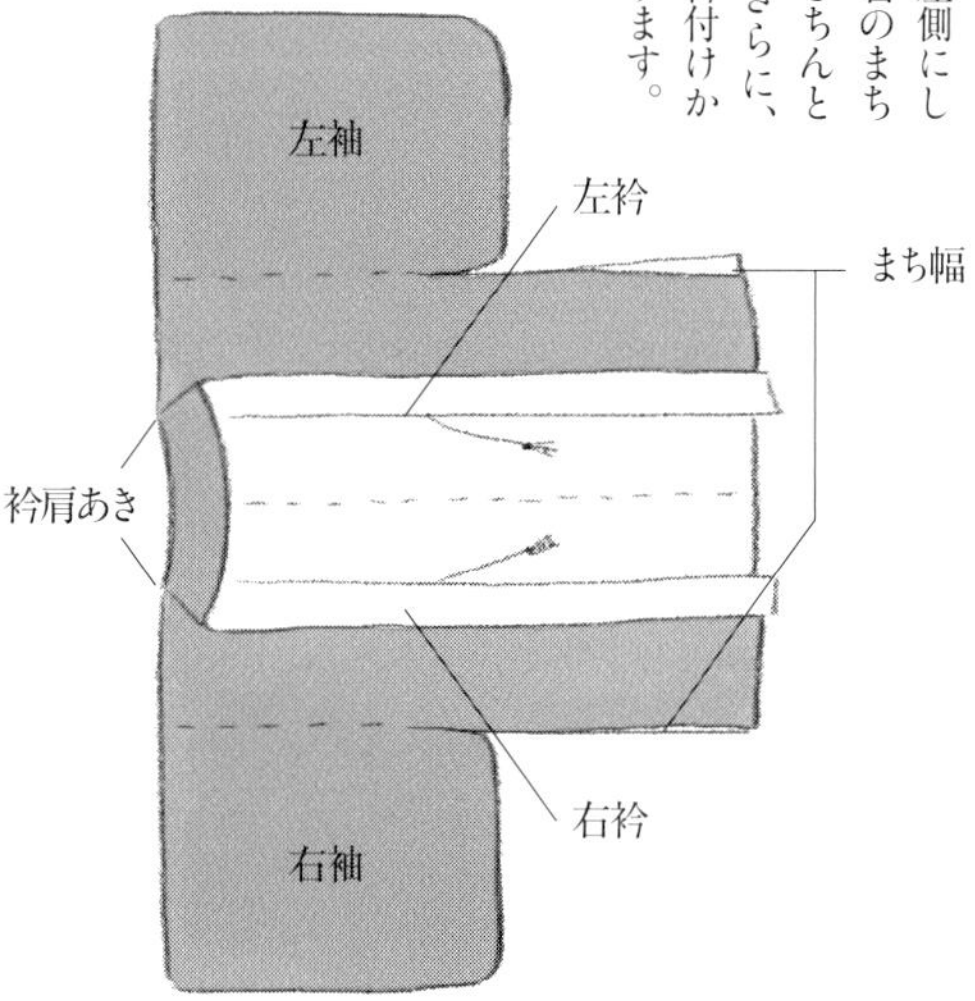

2 衿肩あきを三角に折り、左衿を持って右衿にきちんと重ね、平らにのばします。

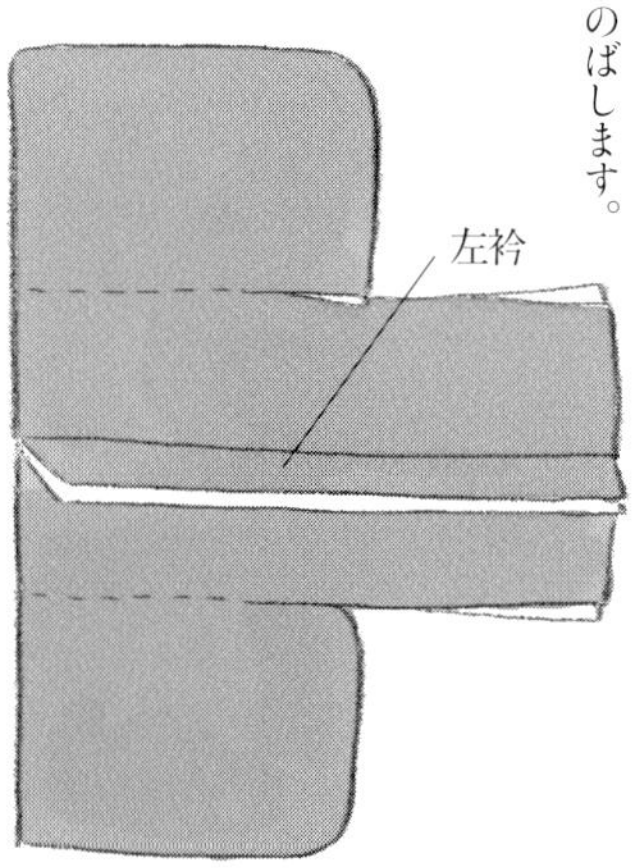

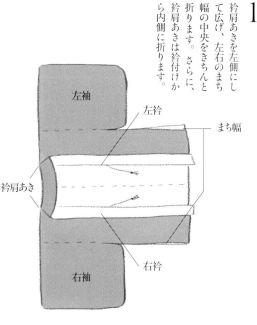

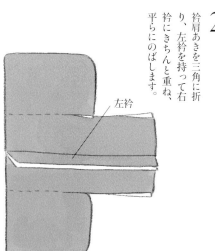

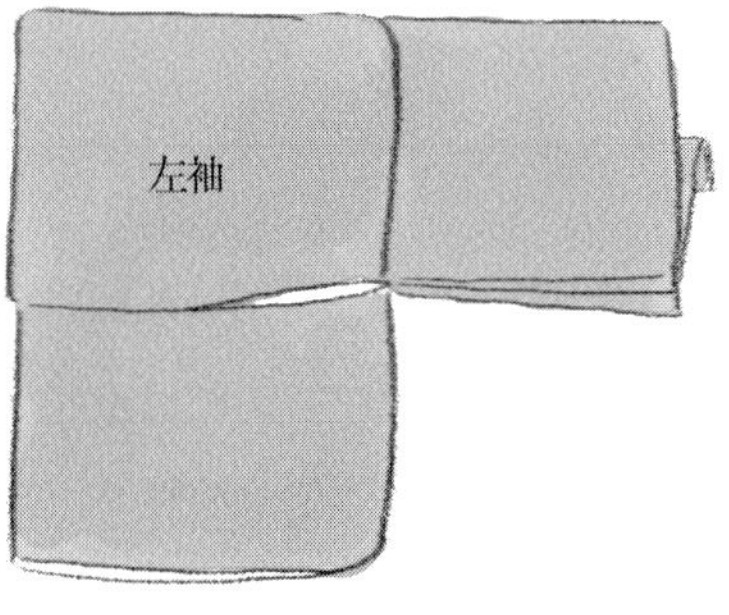

3

右のまち幅の中央に左のまち幅の中央を重ねて折り、左右の袖を揃えて重ねます。左袖を袖付けで折り返します。

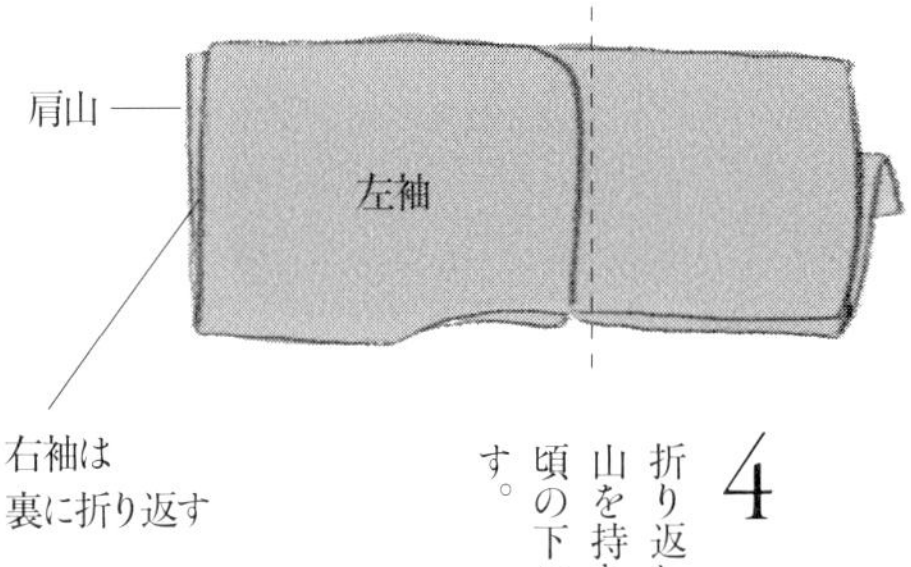

4

折り返した左袖、肩山を持ち、右袖を身頃の下に折り返します。

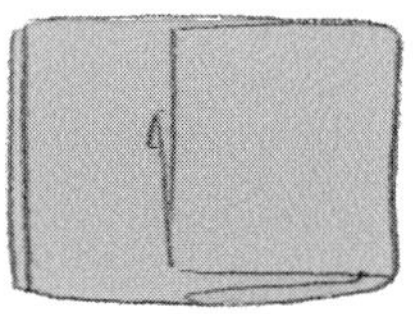

5

丈が長ければ、袖丈の位置で羽織丈を肩に向かって折ります。

コート

コートをたたむときは、スナップを外します。衿の形や袖の形などコートのデザインはさまざまですが、このたたみ方を基本にしましょう。

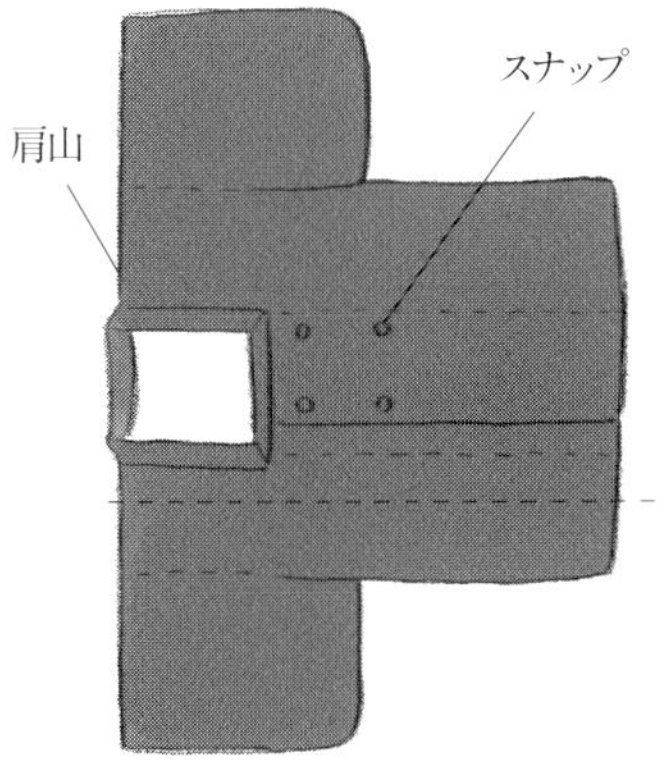

1

肩山を左にして、スナップを外します。袖、身頃を平らに広げます。

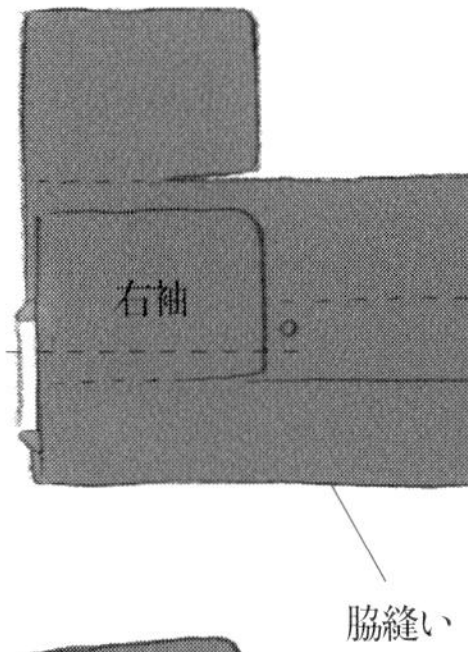

2

右袖と右脇縫いを背中心に向かって折ります。

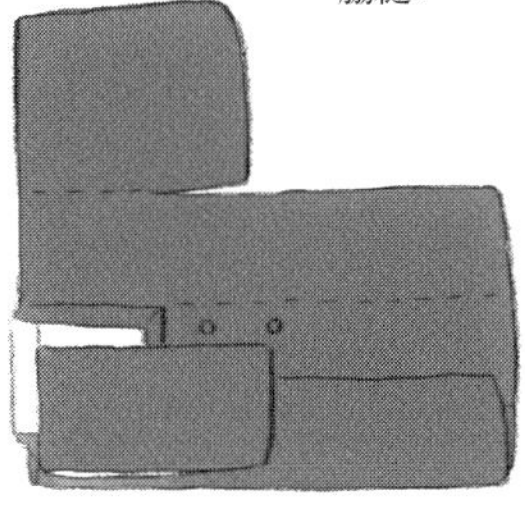

3

右の袖口を外側に向けて折り返します。

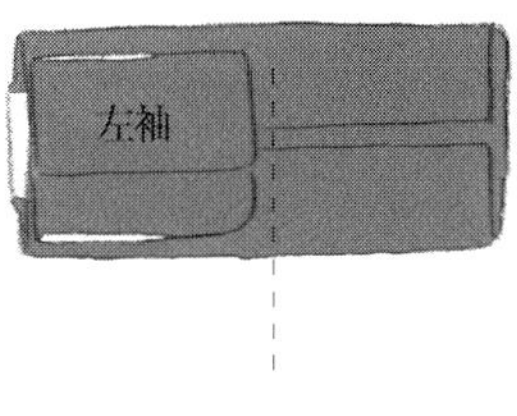

4

左も右と同じように折ります。左袖を右袖の上に重ねます。

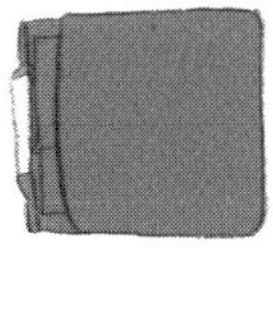

5

袖丈の位置で二つに折ります。

袋帯

全通柄や六通柄の場合、二つ折りを3回繰り返すシンプルな方法でたたみます。このやり方でたたんだ場合、帯によっては前帯やお太鼓の部分に折り目がついてしまうこともあります。そんなときは、最初にて先を10～20cm内側に折って調整するとよいでしょう。どれくらい折るかは帯の長さや体型によるので、あらかじめ前帯の柄とお太鼓柄を確認すると安心です。イラストでは表側が出ていますが、中表にたたんでもかまいません。

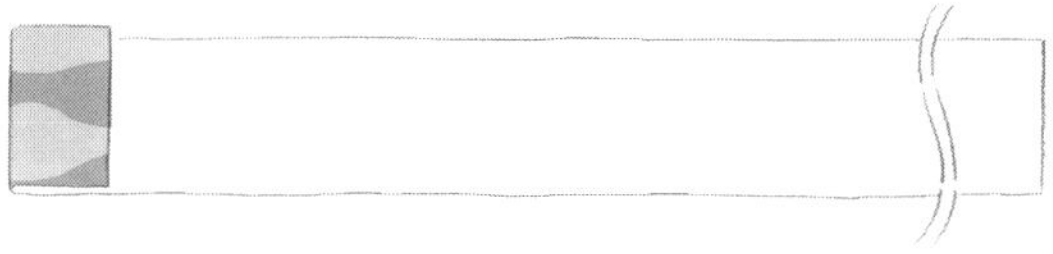

1 帯を広げ、て先を10～20cm折ります。

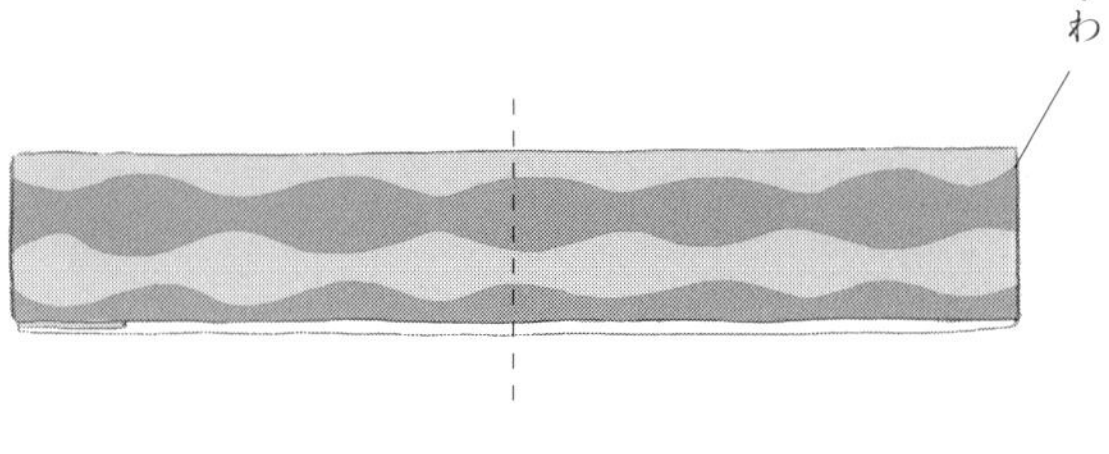

2 帯を二つ折りにします。

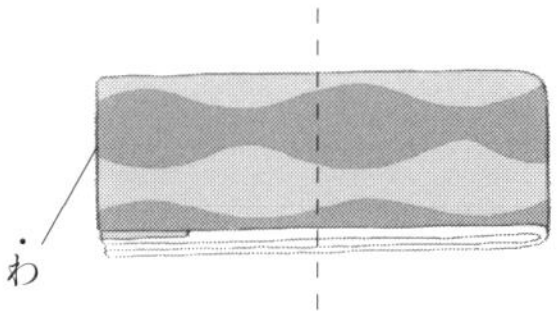

3 左側のわがずれないように、さらに二つ折りにします。

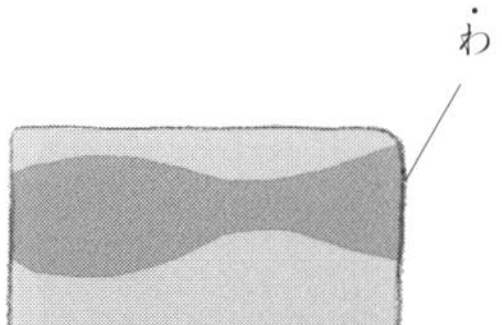

4 もう一度二つに折ります。左右のわに真綿の棒などを入れておくと、折り目がつきにくくなります。

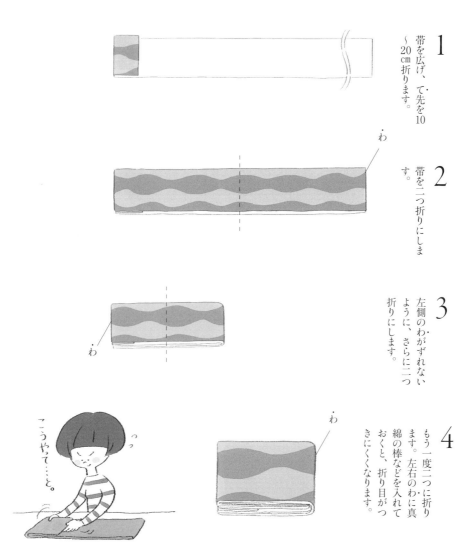

名古屋帯

名古屋帯はお太鼓と胴に巻く部分の長さが異なるため、たたんだときに厚みが均一になるようにします。前帯の部分とお太鼓の部分に折り目をつけないように。仕立て上がったときの、たたんである折り目をキープするようにたたむと簡単です。

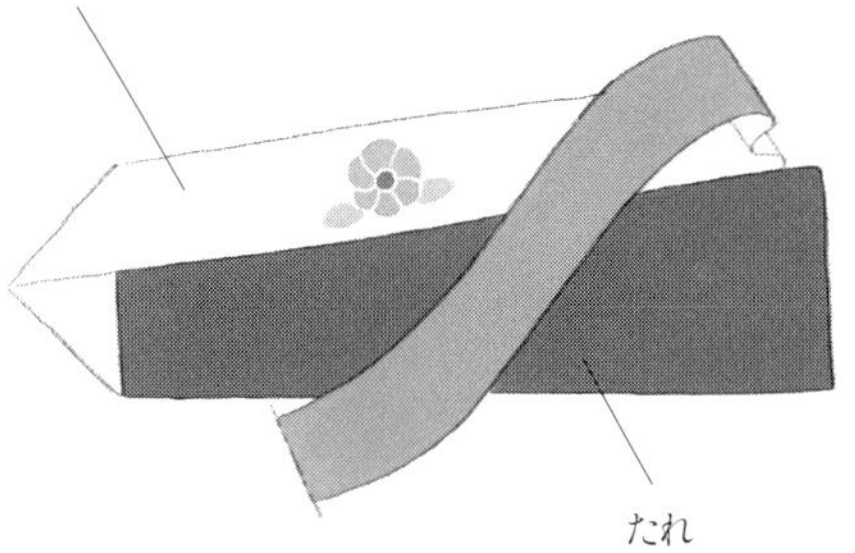

1

お太鼓の表側を下にして、たれを右に置きます。胴に巻く部分とお太鼓の境を開いて、きちんと三角に折ります。

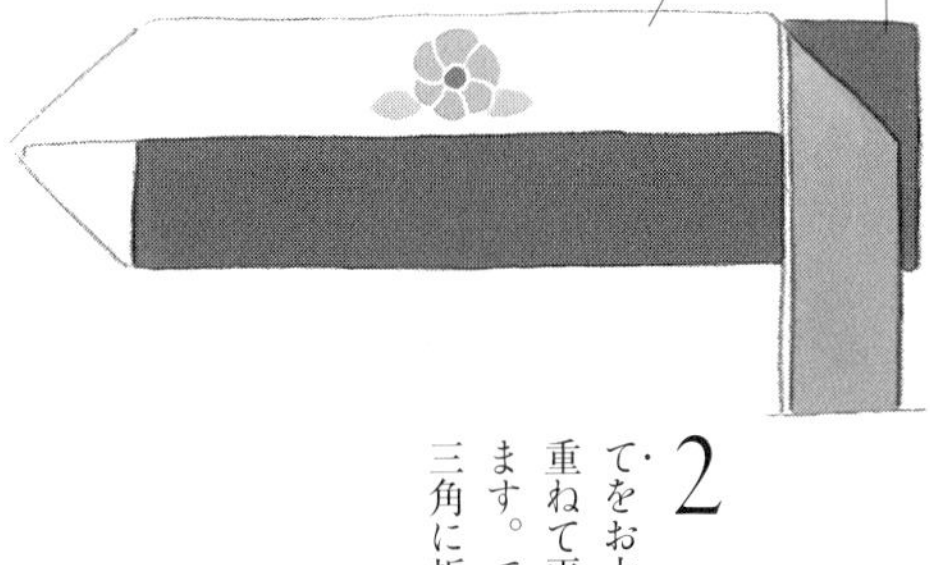

2

てをお太鼓の部分に重ねて平らにのばします。てをたれ先で三角に折ります。

3

もう一度三角に折り返したてをたれの上に重ね、2のてに沿って並べてのばします。

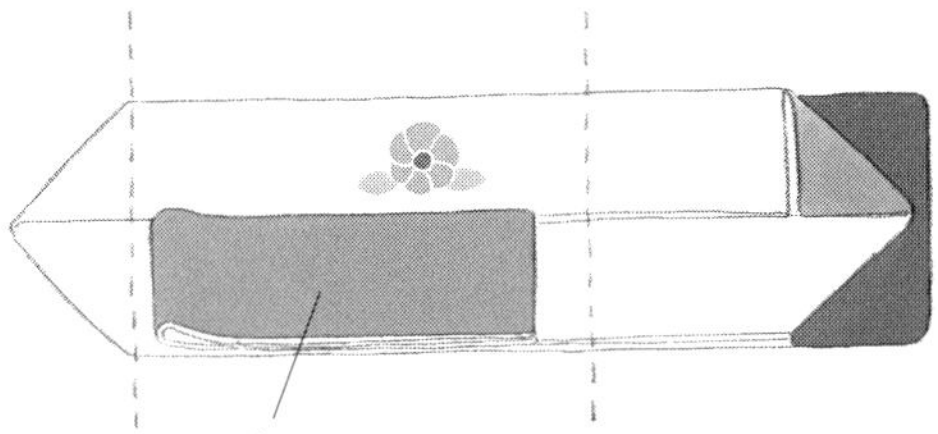

4

はみ出したては、三角形の少し内側で、折り返します。

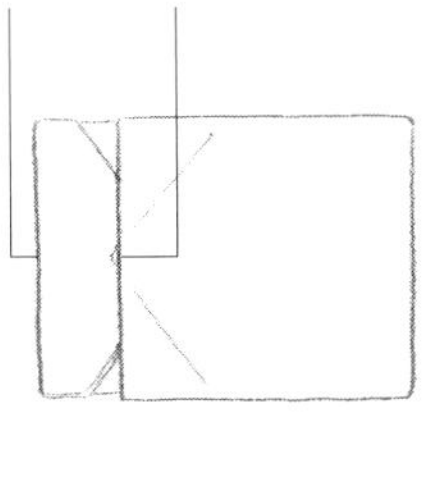

5

左側の三角形を内側に折り、前帯を避けて全体を二つ折りにします。

自分でできるお手入れ

きものはすぐにたたまずに、しみや汚れ、しわなどをチェックします。汚れがあれば落とし、しわはアイロンでのばします。きものを着た後のお手入れは、次にきものを着るときの準備でもあります。

一 きものや帯を吊るす

きものを脱いだら、まずはハンガーに吊るして体温の熱を抜きます。ほこりを払い、同時にしみや汚れがないかをチェックしましょう。ただし、長時間吊るしておくと、表地と裏地がずれて裾が袋状になってしまうこともあります。吊るす時間は2〜3時間、長くても半日です。

　伊達締めや腰紐などは、逆に体温が残っているうちに、体温の熱をアイロンがわりにしわをのばしてたたんでおくのがコツです。汗を吸ってしまった場合は、少し乾かしてからたたみましょう。

和装用のハンガーに、きもの、長襦袢、帯、帯揚げを吊るすと、体温の熱が抜け、しわものびる。

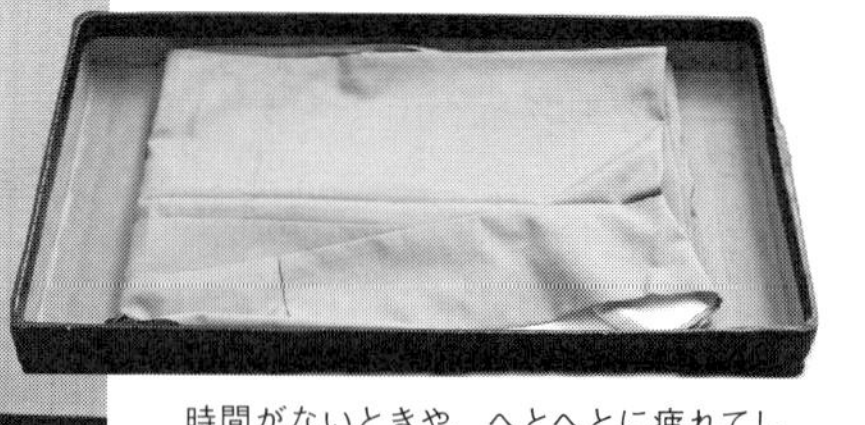

時間がないときや、へとへとに疲れてしまったときは、とりあえず乱れ箱や畳紙《たとう》にきものや帯を仮だたみして入れておく。汚れたままタンスにしまわないように注意。

二 ほこりをとる

目には見えませんが、きものの裾にはほこりが付着しています。とくに、空気が乾燥している冬場は要注意。織り目に入り込んだほこりを放置しておくと、きものを傷める原因になります。

　きものを吊るしながら、きものブラシやまるめたタオルで、ほこりを落とします。裾と裾の裏、上前は入念に。きもののほか、長襦袢の裾も払いましょう。

きもののお手入れには、毛足の柔らかい和装用ブラシがあると便利。

裾まわり、きものの上前を軽くブラッシング。

お手入れに
使用するもの

1 ベンジン　3 ガーゼ
2 タオル　4 衿ブラシ

三 汚れを落とす

きものの汚れは知らないうちについていることがあります。とくに体が動くにつれてきものが直接肌に触れるところは、皮脂汚れがつきやすいもの。汚れていたら、ベンジンで落としておきましょう。ベンジンはきちんと使えば、輪じみになることはありません。応急手当てでとれない汚れの場合は、プロに任せます。

長襦袢もきものと同様に、汚れを落とします。しまうときは半衿を外し、新しい半衿をつけ替えておくと、いつでもすぐにきものを着ることができます。

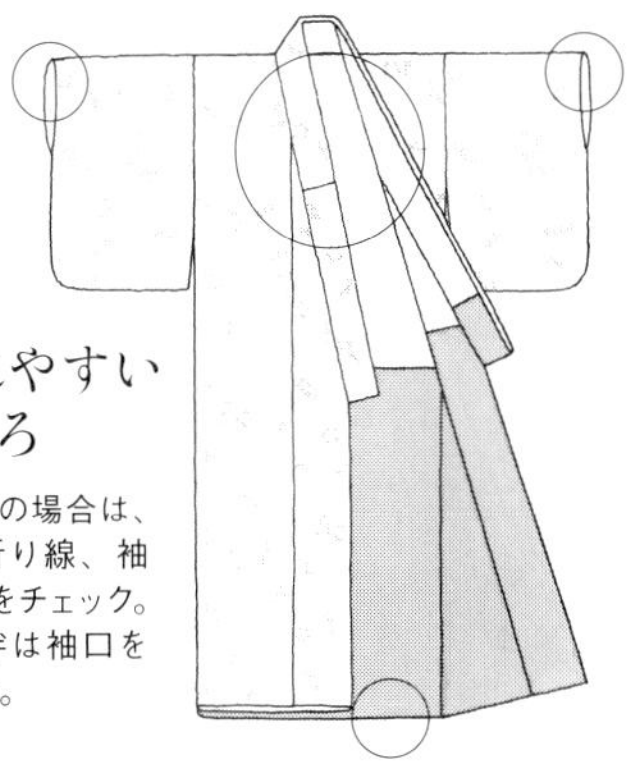

汚れやすいところ

きものの場合は、衿の折り線、袖口、裾をチェック。長襦袢は袖口を中心に。

ベンジンの使い方

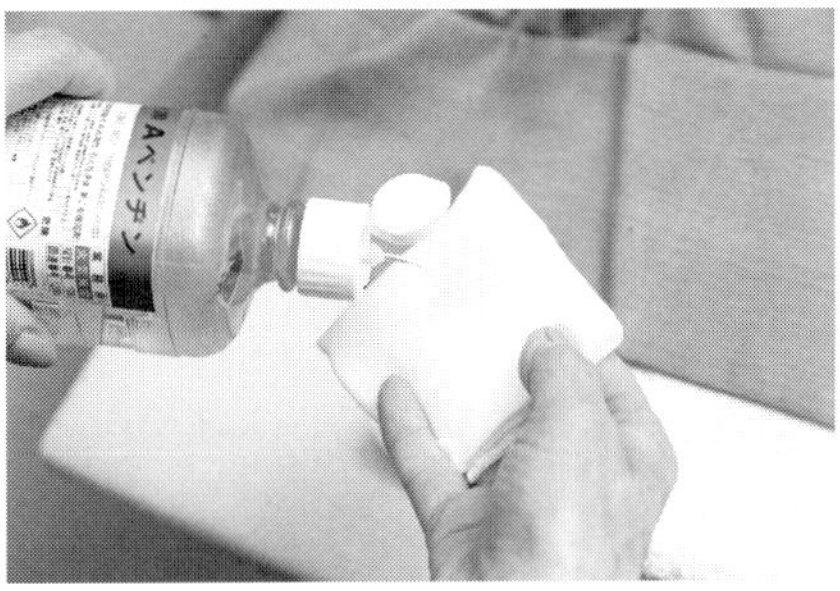

1 タオルの上にきものの衿をのせてセットしてから、ガーゼにベンジンをたっぷり含ませます。

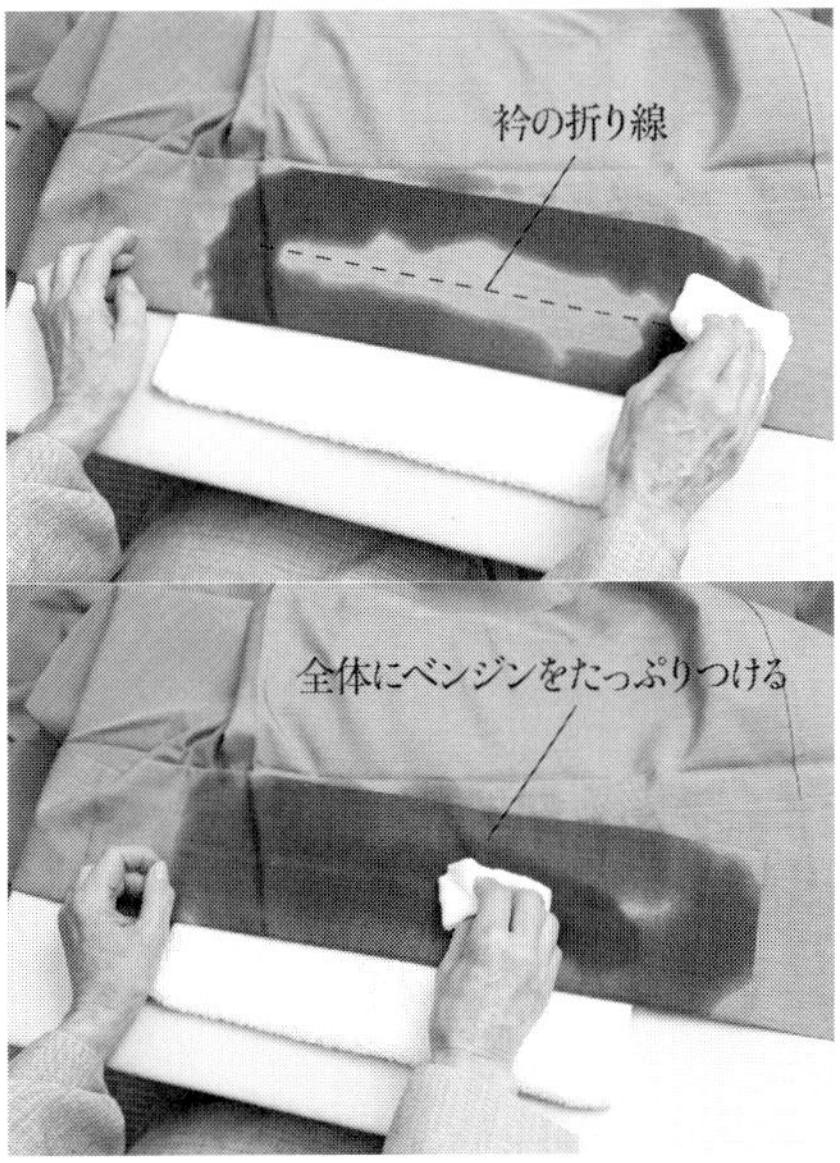

2 ガーゼで汚れのまわりをたたき、それから汚れの部分（衿の折り線）をたたきます。汚れ部分だけにベンジンをつけると、輪じみになるので気をつけて。ガーゼに汚れがついてくるので、折り返しながら使います。

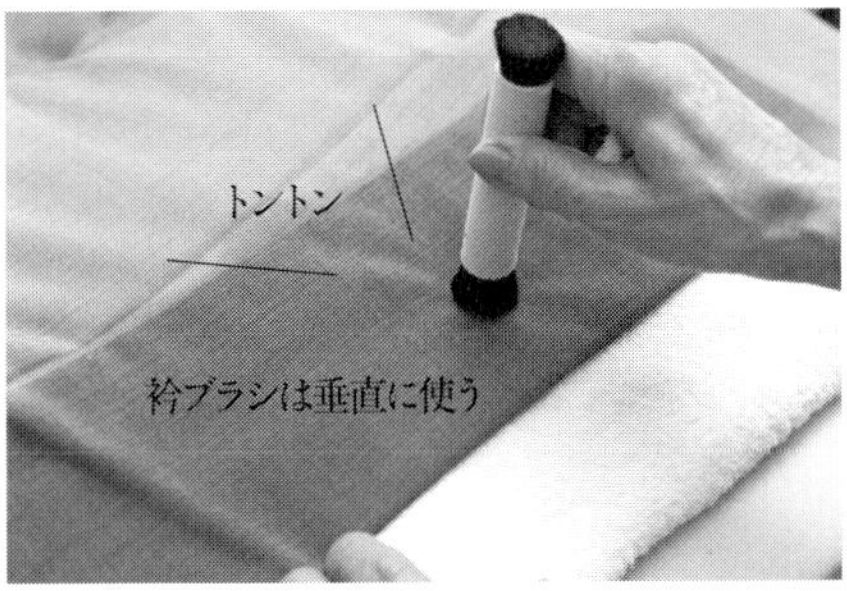

3 汚れがひどいときは、衿ブラシを使います。衿ブラシで汚れを浮かせ、もう一度ベンジンでたたきます。

4 袖口は内側に皮脂汚れがつきやすいので、タオルの上にのせ、広範囲にベンジンを含ませたガーゼでたたきます。汚れが気になるときは、さらに衿ブラシを立ててトントンたたきます。すんだらハンガーにかけて、ベンジンを飛ばします。

四 アイロンでしわをのばす

染めのきものはハンガーに吊るすだけでかなりしわはとれます。織りのきものはそうはいかず、どうしてもお尻まわりや胴まわりなどのしわが残ってしまいます。

こうしたしわをとっておくと、新品に袖を通すような気持ちで次回も着ることができます。きもののほか、帯や帯揚げのしわもチェックしましょう。

しわはアイロンでとります。アイロンはきものの裏からかけますが、

当て布をして、アイロンは一方向に動かすこと。返しアイロンをすると、違うしわを作る原因になります。とれにくいしわには、当て布に霧を吹き、その上からアイロンをかけます。アイロンのかけすぎは、生地の風合いを損ねることもあるので、ほどほどに。

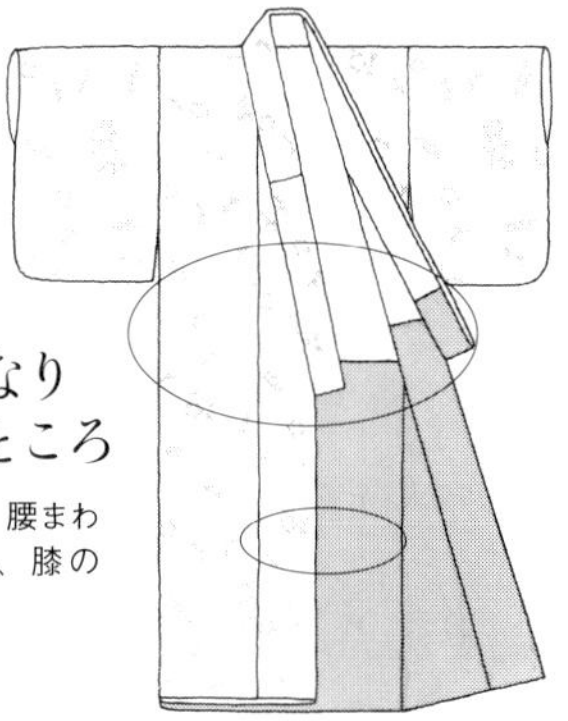

しわになりやすいところ

お尻まわり、腰まわり、帯の下、膝の裏など。

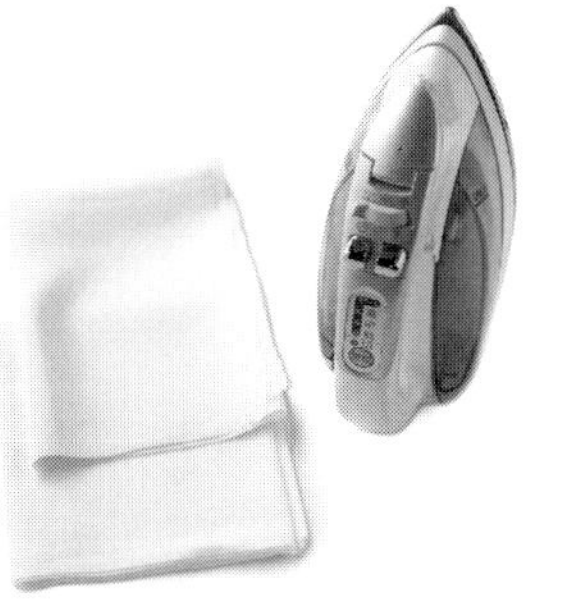

アイロンは使いやすいものを用意。当て布は晒《さら》し木綿や胴裏に使う絹布を使用。色柄ものは避けたい。

アイロンのかけ方

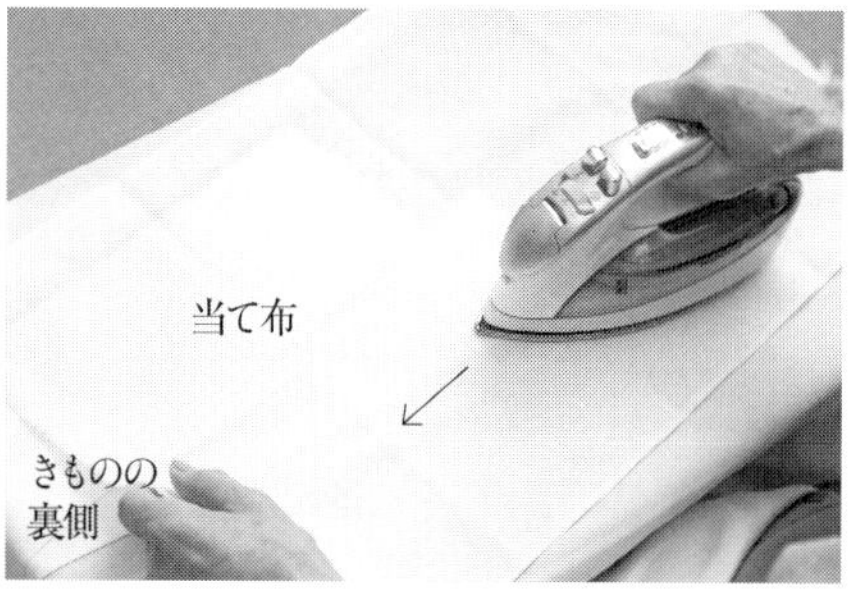

1 きものの裏側を出し、しわのある部分に当て布をします。一方向に向けてアイロンをかけます。

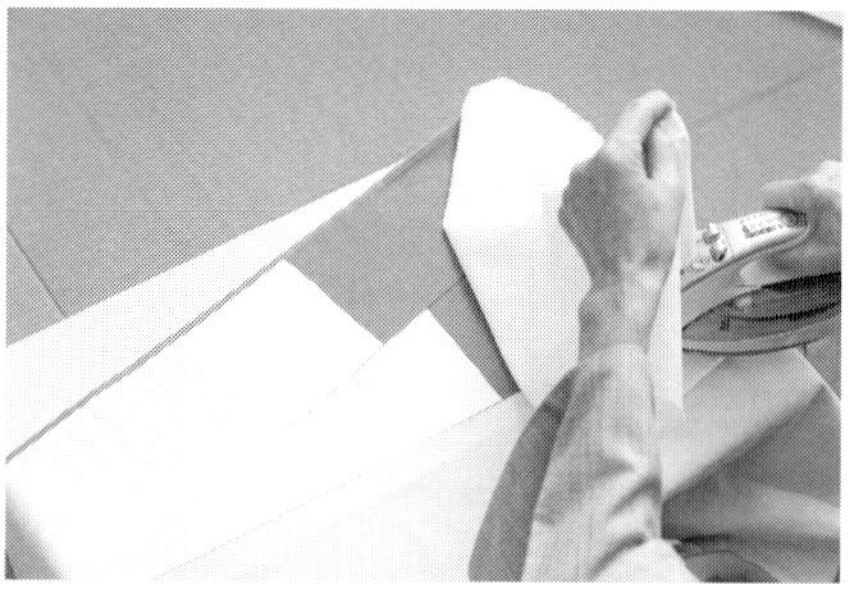

2 アイロンをかけたら、すぐに当て布を外して、粗熱をとります。これを繰り返して、しわをのばします。

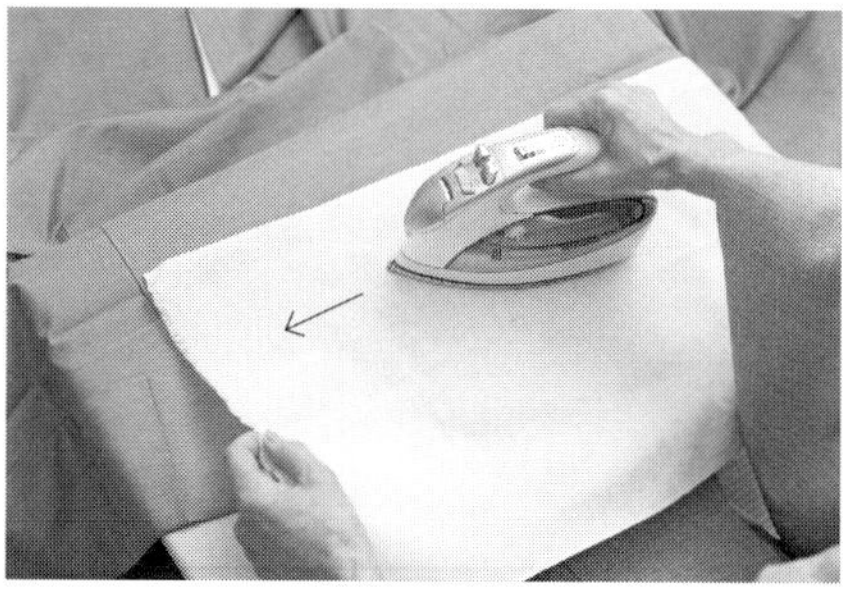

3 織りのきものの場合、どうしてもとれない頑固なしわは、表側からかけてもかまいません。必ず当て布をして、アイロンを一方向に向けてかけ、粗熱をとります。

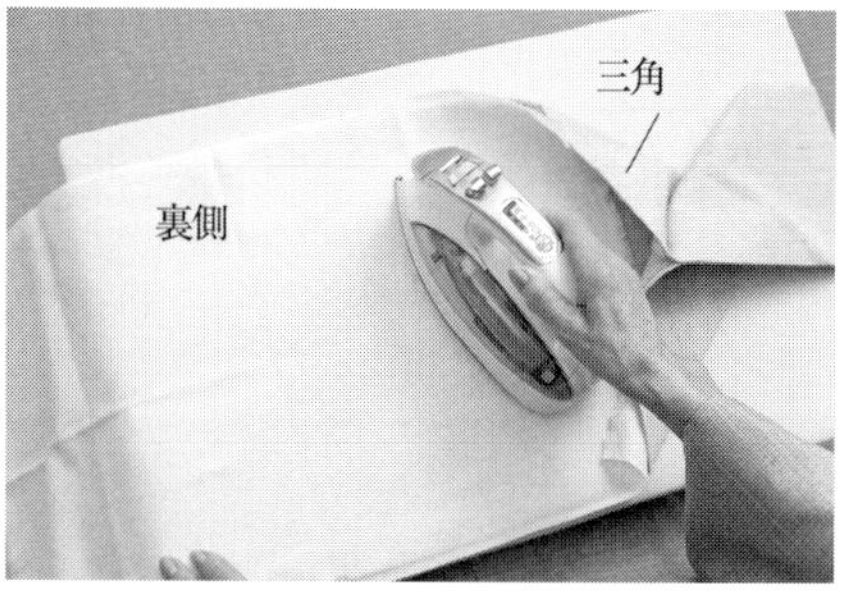

4 帯のしわも同様にアイロンをかけます。名古屋帯の場合は、たれの三角を整えてから、当て布をしてたれにアイロンをかけます。

5 胴に巻いた部分にしわがある場合は、同様にして裏側からアイロンをかけます。たたんだときの折り目は、のばす必要はありません。

6 帯揚げもしわになりやすいので、ついでにアイロンをかけておくと新品同様になります。

五 足袋を洗う

足袋を脱いだら、まず、ぬるま湯につけます。汚れがひどい部分に固形石けんを塗り、足袋ブラシ（または歯ブラシでもよい）で汚れを落としてから、洗濯機で洗います。

足袋の黄ばみは袋縫いの内側に残った洗剤が原因になりやすいので、洗った後はよくすすぎましょう。

パキンという植物繊維でできた足袋ブラシ。

足袋を洗うときのポイント

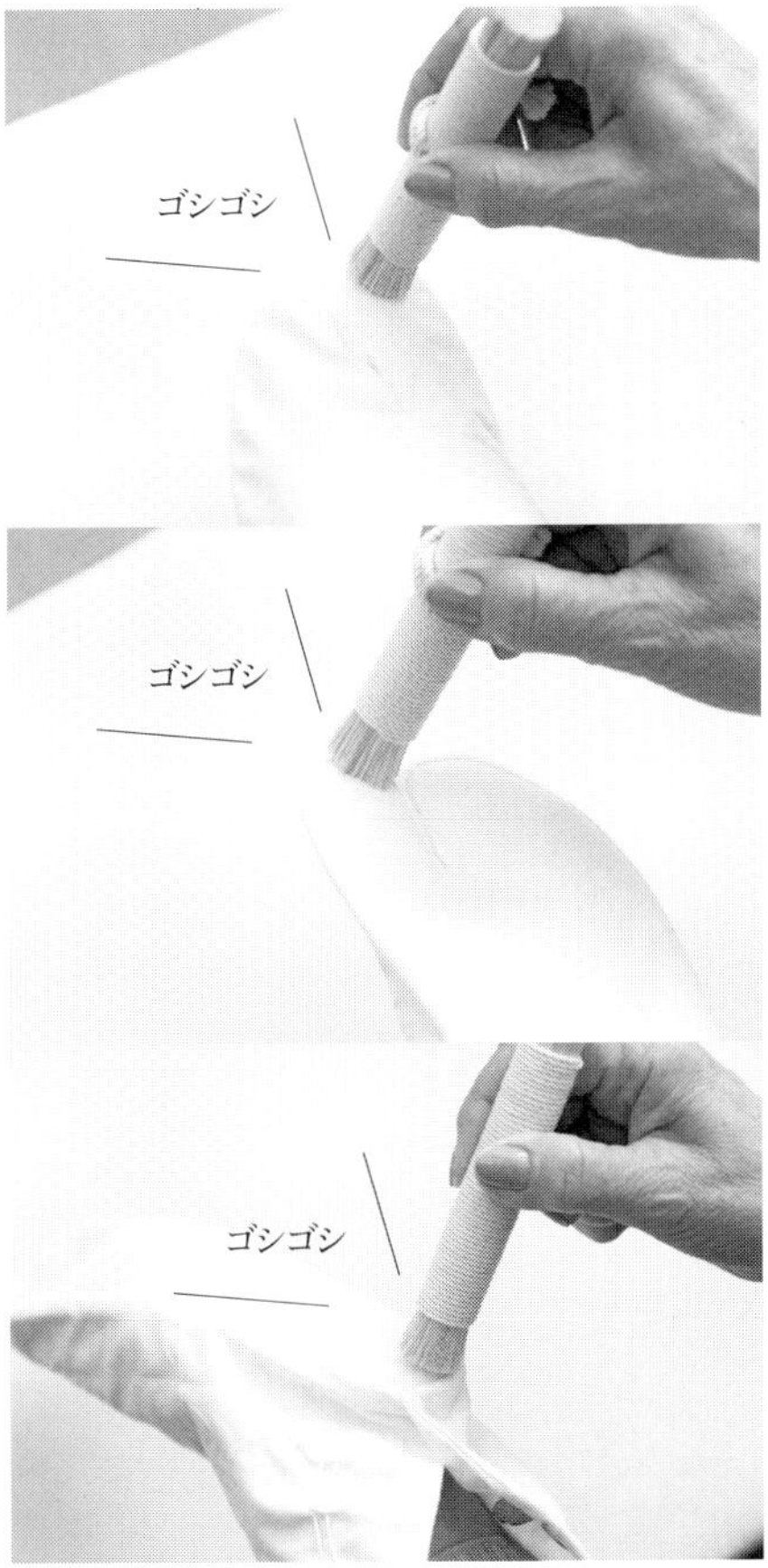
ゴシゴシ
ゴシゴシ
ゴシゴシ

1 足袋の汚れやすいところは、つま先の表と裏、かかとです。洗剤につけた後、その部分をブラシでゴシゴシこするようにして汚れを落とします。この後、洗濯機で洗います。

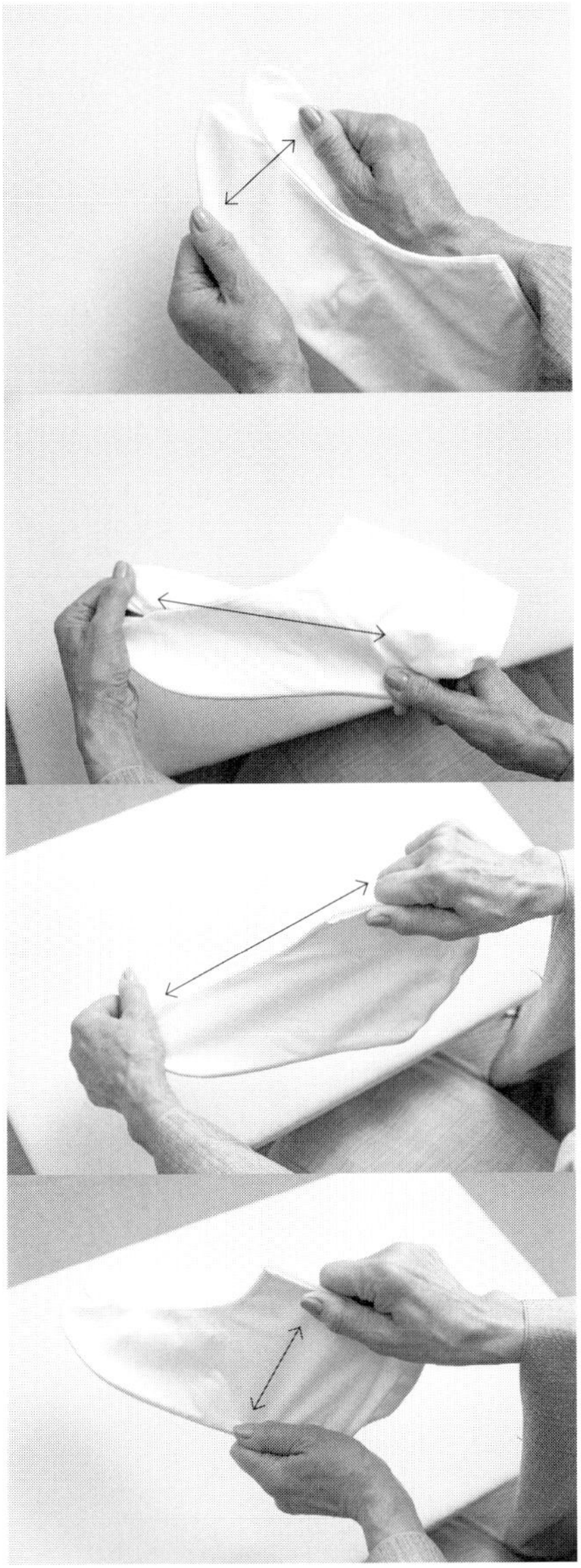

2 干す前に、縮んだ足袋を手で引っ張ってのばします。まず、横、縦をのばしますが、このとき足袋の底も引っ張っておきます。続いて、甲の部分、上下にも引っ張り、全体の形を整えます。足袋はアイロンがかけにくいので、こうしておけば、アイロンは不要。

ここをピンチではさむ

3 形を整えた足袋は陰干しします。こはぜの糸の内側をピンチにはさむと、跡が気になりません。

memo

半衿の洗い方

半衿は中性洗剤を溶かしたぬるま湯に10分ほどつけてから手洗いし、軽くすすいだ後、たたんで洗濯ネットに入れて洗濯機で洗います(手洗いでもOK)。生乾きの状態でアイロンをかけます。次に着るときのために、できるだけ長襦袢に半衿をつけておきます。

索引

【あ】

合褄幅（あいづまはば）……112
麻（あさ）……15
後染めの紬（あとぞめのつむぎ）……63
雨ゴート（あまごーと）……94
雨草履（あまぞうり）……94
綾織り（あやおり）……85
有栖川文（ありすがわもん）……108
荒磯文（ありそもん・あらいそもん）……108
袷（あわせ）……16 84

【い】

居敷当て（いしきあて）……17 86
伊勢型紙（いせかたがみ）……40
一重太鼓の結び方（いちじゅうだいこのむすびかた）……128
市松模様（いちまつもよう）……62
五つ紋（いつつもん）……47
色留袖（いろとめそで）……4 32
色無地（いろむじ）……5 38
色喪帯（いろもおび）……44 45
色喪服（いろもふく）……44 45
いわれ小紋（いわれこもん）……57

【う】

上田紬（うえだつむぎ）……63
後ろ幅（うしろはば）……113
後ろ身頃（うしろみごろ）……113
薄物（うすもの）……88
鱗文（うろこもん）……107
上前（うわまえ）……112

【え】

ヱ霞（えがすみ）……108
越後上布（えちごじょうふ）……15
江戸小紋（えどこもん）……40 56
江戸褄（えどづま）……30
絵羽模様（えばもよう）……30 46
衣紋（えもん）……113
衿（えり）……112
衿裏（えりうら）……17
衿肩あき（えりかたあき）……113
衿先（えりさき）……112
衿下（えりした）……112

【お】

近江上布（おうみじょうふ）……15
大島紬（おおしまつむぎ）……14 62
大振袖（おおふりそで）……29
衽下がり（おくみさがり）……112
衽線（おくみせん）……112
衽付け（おくみつけ）……112
衽幅（おくみはば）……112
お太鼓（おたいこ）……113
お太鼓柄（おたいこがら）……24
小千谷縮（おぢやちぢみ）……15
縅毛（おどしげ）……109
おはしょり……113
帯（おび）……115
帯揚げ（おびあげ）……74 94 113 114
帯板（おびいた）……114
帯締め（おびじめ）……52 74 95 113 114
帯留め（おびどめ）……74
帯の下線（おびのしたせん）……113
帯の上線（おびのうわせん）……113
帯の柄付けと仕立て方……24
帯枕（おびまくら）……114
御召（おめし）……15 60
御召縮緬（おめしちりめん）……60
親亀子亀（おやがめこがめ）……57
織り帯（おりおび）……20
折り鶴（おりづる）……105
織り名古屋帯（おりなごやおび）……49 65 71
織りのきもの（おりのきもの）……14 64
織部柄（おりべがら）……59

【か】

貝桶（かいおけ）……109
鏡仕立て（かがみじたて）……25
角通し（かくどおし）……41
額縁仕立て（がくぶちじたて）……25
掛け衿（かけえり）……112
重ね衿（かさねえり）……50
カジュアルきもの……55
カジュアルきものに合わせる帯……70
カジュアルきものの小物……72
型染め（かたぞめ）……12 22
肩幅（かたはば）……113
かたもの・かたいきもの……11
肩山（かたやま）……112
鬘帯（かづらおび）……109
唐織（からおり）……20
唐草文（からくさもん）……106
唐花（からはな）……28 58
仮紐（かりひも）……114

【き】

菊菱（きくびし）……43
菊模様（きくもよう）……67
着付けに使用するもの……114
亀甲文（きっこうもん）……107
吉祥文様（きっしょうもんよう）……43 105
絹紅梅（きぬこうばい）……68
器物文様（きぶつもんよう）……109

決め線（きめせん） 113
きもの 115
きものと帯のたたみ方 146
きものと帯の文様 104
きものにつける紋 47
きものの各部の名称 112
きものの着付け 124
きものの裁断図（きもののさいだんず） 17
宮中でのきもの（きゅうちゅうでのきもの） 33
行儀（ぎょうぎ） 41
鏡裏文様（きょうりもんよう） 48
桐竹鳳凰文（きりたけほうおうもん） 38 107

【く】
草木染め（くさきぞめ） 62 63
雲立涌（くもたてわく） 107
繰り越し（くりこし） 113
クリップ 114
久留米絣（くるめがすり） 63
黒留袖（くろとめそで） 4 30
黒喪帯（くろもおび） 44 45
黒喪服（くろもふく） 44

【け】
剣菱（けんびし） 41

【こ】
格天井（ごうてんじょう） 109
コート 53 75
腰紐（こしひも） 114
御所車（ごしょぐるま） 30
小振袖（こふりそで） 29
小紋（こもん） 5 42 58

【さ】
桜鯛（さくらだい） 57
笹蔓緞子（ささづるどんす） 108
定め小紋（さだめこもん） 40
鮫（さめ） 41
更紗（さらさ） 22

【し】
地衿（じえり） 112
塩瀬（しおぜ） 50
地紙（じがみ） 109
色紙文様（しきしもんよう） 32 109
刺繍（ししゅう） 23
自然文様（しぜんもんよう） 108
下前（したまえ） 112
七宝文様（しっぽうもんよう） 34 38 40 42 43 107
絞り染め（しぼりぞめ） 13 23
絞りの浴衣（しぼりのゆかた） 69
紗（しゃ） 89 90
紗献上（しゃけんじょう） 91
紗紬（しゃつむぎ） 88
洒落袋帯（しゃれふくろおび） 70
洒落紋（しゃれもん） 47
狩猟文（しゅりょうもん） 106
正倉院文様（しょうそういんもんよう） 65 106
松竹梅（しょうちくばい） 105
上布（じょうふ） 89 91
蜀江文様（しょっこうもんよう） 30 106
白生地（しろきじ） 39

【す】
末広（すえひろ） 31
すくい織 21
裾（すそ） 113
裾まわし（すそまわし） 16 112
裾よけ（すそよけ） 115
角倉文（すみのくらもん） 108

【せ】
背伏（せぶせ） 86
背縫い（せぬい） 113
扇花文（せんかもん） 70
全通柄（ぜんつうがら） 24

【そ】
草履（ぞうり） 53 75 95
袖（そで） 112
袖口（そでぐち） 112
袖付け（そでつけ） 112
袖幅（そではば） 113
染め帯（そめおび） 22
染め名古屋帯（そめなごやおび） 64 71
染め抜き日向五つ紋付き（そめぬきひなたいつつもんつき） 30 44
染めのきもの（そめのきもの） 12

【た】
大根におろし金（だいこんにおろしがね） 57
大小霰（だいしょうあられ） 56
宝尽くし文様（たからづくしもんよう） 43 105
宝船（たからぶね） 105
抱き幅（だきはば） 112
たたみ織 21
立雛（たちびな） 109
伊達衿（だてえり） 50
伊達締め（だてじめ） 114
竪絽（たてろ） 89
束ね熨斗（たばねのし） 105
足袋（たび） 52 72 115
たれ先（たれさき） 113
丹波布（たんばぬの） 14

反物（たんもの）……16

【ち】

縮（ちぢみ）……67
千鳥格子（ちどりごうし）……58
中振袖（ちゅうふりそで）……29
縮緬（ちりめん）……85

【つ】

付け下げ（つけさげ）……5 36
付け比翼（つけびよく）……31
綴織（つづれおり）……21
褄先（つまさき）……112
褄下（つました）……112
紬（つむぎ）……5 14 62
紬織（つむぎおり）……21
紬の訪問着（つむぎのほうもんぎ）……35

【て】

手描き友禅（てがきゆうぜん）……12 22

【と】

胴裏（どうら）……16 112
東京染小紋（とうきょうそめこもん）……40
唐桟縞（とうざんじま）……57
道中着（どうちゅうぎ）……75
飛び柄小紋（とびがらこもん）……42 43
留め柄（とめがら）……40
共衿（ともえり）……112
共八掛（ともはっかけ）……30
泥染め（どろぞめ）……62
トンネルかがり……25

【な】

長襦袢（ながじゅばん）……51 73 93 115
長襦袢の着付け（ながじゅばんのきつけ）……121
名古屋帯（なごやおび）……6
名古屋仕立て（なごやじたて）……25
梨の切り口（なしのきりくち）……41
夏大島（なつおおしま）……89
夏塩沢（なつしおざわ）……87
夏紬（なつつむぎ）……86
撫子柄（なでしこがら）……66
斜子織（ななこおり）……21
生紬（なまつむぎ）……87
波（なみ）……108

【に】

錦織（にしきおり）……20
二重太鼓の結び方（にじゅうだいこのむすびかた）……136
二部式帯（にぶしきおび）……7

【の】

熨斗蝶（のしちょう）……105

【は】

羽裏・羽織裏（はうら・はおりうら）……75
羽織（はおり）……75
博多織（はかたおり）……21 67 68
芭蕉布（ばしょうふ）……91
バスケット織……21
肌着のつけ方（はだぎのつけかた）……120
肌襦袢（はだじゅばん）……115
八掛（はっかけ）……16 112
八掛（裾まわし）の裁断図（はっかけ・すそまわしのさいだんず）……17
バッグ……53 75 95
八寸・八寸帯（はっすん・はっすんおび）……7 71
八通（はっつう）……24
初夢（はつゆめ）……57
花織（はなおり）……15
花菱文（はなびしもん）……107
花四菱鳥襷文（はなよつびしとりだすきもん）……106
半衿（はんえり）……50 72 92 113
半衿のつけ方（はんえりのつけかた）……116
半幅帯（はんはばおび）……6 66 67

【ひ】

檜扇（ひおうぎ）……105
菱柄（ひしがら）……43
菱文（ひしもん）……32
毘沙門亀甲（びしゃもんきっこう）……107
疋田糊置き（ひったのりおき）……13
単衣（ひとえ）……16 86
単帯（ひとえおび）……91
単衣・薄物に合わせる帯（ひとえ・うすものにあわせるおび）……90
単衣・薄物の小物（ひとえ・うすもののこもの）……92
一越縮緬（ひとこしちりめん）……30
一つ紋（ひとつもん）……47
比翼（ひよく）……31
開き仕立て（ひらきじたて）……25

【ふ】

フォーマルきもの……27
フォーマルきものに合わせる帯……48
フォーマルきものの小物……50
河豚と茄子（ふくとなす）……57
ふくら雀（ふくらすずめ）……57
袋帯（ふくろおび）……6 48 70
袋帯の仕立て（ふくろおびのしたて）……25
福禄寿（ふくろくじゅ）……105
袋名古屋帯（ふくろなごやおび）……7 71
袋名古屋帯の仕立て（ふくろなごやおびのしたて）……25

浮線綾文（ふせんりょうもん） 49 107
普段着浴衣（ふだんぎゆかた） 66
葡萄唐草文（ぶどうからくさもん） 106
文箱（ふばこ） 109
振り（ふり） 112
振袖（ふりそで） 4 28 29

【へ】
兵児帯（へこおび） 7

【ほ】
鳳凰文（ほうおうもん） 106
宝相華文様（ほうそうげもんよう） 48 106
訪問着（ほうもんぎ） 4 34
訪問服（ほうもんふく） 34
ぼかし染め（ぼかしぞめ） 13
補整用品（ほせいようひん） 115
牡丹唐草（ぼたんからくさ） 108

【ま】
前帯（まえおび） 113
前幅（まえはば） 112
前身頃（まえみごろ） 112
松（まつ） 105
松皮菱（まつかわびし） 57
松立涌（まつたてわく） 107
松葉仕立て（まつばじたて） 25
丸文様（まるもんよう） 43
真綿紬（まわたつむぎ） 85

【み】
身丈（みたけ） 113
道行コート（みちゆきこーと） 53
三つ紋（みつもん） 47
宮古上布（みやこじょうふ） 15
身八つ口（みやつくち） 113
みらい襦袢（みらいじゅばん） 93

【む】
無地紬（むじつむぎ） 62

【め】
名物裂文様（めいぶつぎれもんよう） 108
綿紅梅（めんこうばい） 69
綿コーマ（めんこーま） 67
綿絽（めんろ） 67 69

【も】
喪服（もふく） 5 44
木綿（もめん） 14 63 66

【や】
矢羽根（やばね） 109
柔らかもの 10

【ゆ】
結城縮（ゆうきちぢみ） 87
結城紬（ゆうきつむぎ） 14 62
有職文様（ゆうそくもんよう） 49 107
浴衣（ゆかた） 5
湯帷子（ゆかたびら） 66
裄（ゆき） 113
雪輪文様（ゆきわもんよう） 42 108

【よ】
楊柳（ようりゅう） 92
横絽（よころ） 89
吉野間道（よしのかんとう） 108
よそゆき浴衣 68
与那国花織（よなぐにはなおり） 15

【ら】
羅（ら） 91
乱菊（らんぎく） 69

【り】
柳条縮緬（りゅうじょうちりめん） 60
綸子（りんず） 50

【れ】
連珠文（れんじゅもん） 106

【ろ】
絽（ろ） 92 93
絽麻（ろあさ） 92
ロートン織 67
絽唐織（ろからおり） 90
六通柄（ろくつうがら） 24
六弁華文（ろくべんかもん） 106
絽塩瀬（ろしおぜ） 91
絽縮緬（ろちりめん） 87 92
絽綴（ろつづれ） 90

【わ】
脇縫い（わきぬい） 113

森田空美の

はじめてきもの きほん事典

Staff List

監修
森田空美

ブックデザイン
大塚将生(marron' s inc.)

撮影
伏見早織、久保田彩子(ともに世界文化社)
鍋島徳恭(p.76〜79、p.142〜145)
森山雅智(p.116〜119)

イラスト
林 ユミ
岡田知子(p.116〜119)
平尾 香(p.76〜79、p.142〜145)

モデル
山本実花子(着付け)
中田有紀(p.76〜79、p.142〜145)

ヘア&メイク
瑳峨直美

静物着付け
伊藤和子
月川麻依子

取材・文
鈴木博美(p.114〜115、p.120〜141)

校正
株式会社円水社

編集
宮下信子
平山亜紀(世界文化社)

撮影協力店

青山 八木　03(3401) 2374
きもの おがわ屋　048(832) 8556
きもの創り玉屋 銀座店　03(6226) 0802
京・はきもの匠 ない藤　075(541) 7110
銀座もとじ 和織　03(3538) 7878
銀座もとじ 和染　03(3535) 3888
銀座もとじ 大島紬　03(3535) 3871
竺仙　03(5202) 0991
(株) トリエ　06(6585) 0335
なか志まや　03(5379) 1797
日本橋三越本店　03(3241) 3311

森田空美の
はじめてきもの
きほん事典

発行日　2018年3月5日　初版第1刷発行
2022年9月10日　第5刷発行

著者　森田空美
発行者　竹間 勉
発行　株式会社世界文化ブックス
発行・発売　株式会社世界文化社
〒102-8195
東京都千代田区九段北4-2-29
電話　03-3262-5118(編集部)
電話　03-3262-5115(販売部)
印刷・製本　凸版印刷株式会社
DTP　株式会社明昌堂

ISBN 978-4-418-18403-3